SV

Peter Handke
Die Fahrt im Einbaum
oder
Das Stück zum Film
vom Krieg

Suhrkamp Verlag

Erste Auflage 1999
© Suhrkamp Verlag Frankfurt am Main 1999
Alle Rechte vorbehalten, insbesondere das der
Aufführung durch Berufs- und Laienbühnen, des
öffentlichen Vortrags, der Verfilmung und Übertragung
durch Rundfunk und Fernsehen, auch einzelner
Abschnitte. Das Recht der Aufführung oder Sendung ist
nur vom Suhrkamp Verlag, Frankfurt am Main, zu
erwerben. Den Bühnen und Vereinen gegenüber als
Manuskript gedruckt.
Druck: Wagner GmbH, Nördlingen
Printed in Germany

1 2 3 4 5 6 – 04 03 02 01 00 99

gewidmet dem Andenken an den katalanischen Journalisten Josep Palau Balletbó (und dem Theater als freiem Medium)

Die moralische Enttäuschung, verursacht durch die Fehler der andern, welche ganz und gar vergleichbare Fehler bei uns selbst anschwärzt, gestattet uns, die strenge und noble Haltung zugleich des Richters und des Opfers einzunehmen, und ruft in uns einen Zustand der moralischen Euphorie hervor. Diese Euphorie entfernt uns rasch und sicher vom Weg jeder persönlichen moralischen Vervollkommnung und macht aus uns fürchterliche und erbarmungslose, ja sogar blutrünstige Richter.

Ivo Andrić, Zeichen am Wegrand

Es ist ... ein Unmerkliches, welches wohlempfunden sein will, und durch das Ganze durchgehen muß, aber höchst wichtig, weil der poetische Vortrag sich dadurch ganz eigentlich und einzig von dem geschichtlichen unterscheidet.

Johann Wolfgang von Goethe, Serbische Lieder

Da selo sa selom pase. (Ein Dorf soll weiden mit dem andern.)

*König Dušans Gesetzbuch, § 72,
vierzehntes Jahrhundert*

JOHN O'HARA, amerikanischer Filmregisseur
LUIS MACHADO, spanischer Filmregisseur
EIN ANSAGER
EIN FREMDENFÜHRER
EIN WALD- oder IRRLÄUFER
EIN CHRONIST oder DORFNACHBAR
EIN HISTORIKER
EINE SCHÖNHEITSKÖNIGIN oder FELLFRAU
DREI INTERNATIONALE oder MOUNTAINBIKER (two men, one woman)
EIN HÄFTLING oder IRRER
EIN HEREINGESCHNEITER oder GRIECHE oder EX-JOURNALIST
EIN DICHTER (aus einem anderen Film, samt KINDERN, HUND und ESEL)
EIN WOHLTÄTER (international, stumm)
EIN PRÄSIDENT oder GEWINNER (Silhouette)
EINIGE EINHEIMISCHE und UNBESTIMMBARE

(Doppel- und Dreifachrollen)

Die Geschichte spielt etwa ein Jahrzehnt nach dem vorläufig letzten Krieg.

Die Szenenangaben sind nicht unbedingt Szenenanweisungen.

Die Bühne ist der Speisesaal eines großen Provinzhotels irgendwo im tiefsten oder innersten Balkan. Ohne die mehr oder weniger gedeckten Tische könnte der Saal auch eine Bahnhofshalle sein, so weitläufig ist er, ohne Zwischenwände und Säulen, offen sowohl zur einen Hand, wo der Restaurantbereich sich spürbar noch um ein Mehrfaches fortsetzt, als auch zur andern Hand, wo es gleich, ohne Türen, übergeht in den nicht sichtbaren, dabei ebenso stark zu spürenden Hotelbezirk: Empfang, Halle, mit einer ständigen Ahnung oder einem Hauch von Vorplatz. Geschlossen ist allein der fast schon ferne, entlegene seitliche Hintergrund: die Wand zur Küche, darin eingelassen zwei Schwingtüren, die eine zum Auf-, die zweite zum Abtragen; in jeder der beiden Türen eine Art Bullauge aus Milchglas. Das Bullaugenpaar leuchtet, als einziges in dem Raum, hell, und in der Küche, deren Größe dem Anschein nach jener des Speisesaals entspricht, ist, wiederum spürbar, einiges im Gang, während in dem Restaurant, auf der Bühne, erst jetzt mit dem Spielbeginn die Lichter angehen, übertrieben starke, die Normallichtstärke in einem Hotelgästesaal um einiges übersteigend (vom Normallicht in einem Balkan-Provinzhotel zu schweigen). Zwischen den glanzhellen Lustern werden hier und dort jetzt auch Scheinwerfer eingeschaltet, teils hängend, teils stehend, wie für einen Film? eher wie für Probeaufnahmen. Die Scheinwerfer leuchten in dem nun überall sommersonnenhellen Raum, insbeson-

dere das Podium im Mittelgrund aus, ein gutes Dutzend Schritte weg von den zwei Schwingtüren seitlich-hinten. Die Musikinstrumente, Mikrophone usw. dort auf dem Podest werden zügig weggetragen oder zum Teil auch bloß zusammengeschoben: Platz gemacht. Ebenso zügig wird einer der Eßtische abgedeckt, wie zu einer Schreib- oder Arbeitsfläche, kahl – ein paar vielleicht zu nahe andere Tische beiseite geräumt: auch hier Platz gemacht; dazu die paar Restaurantstühle an dem Arbeitstisch, ersetzt durch »Regie-Sessel«, in einigem Abstand einer vom andern, mit den dazugehörigen Namen groß hinten an den Lehnen, LUIS MACHADO und JOHN O'HARA. Noch zu erwähnen, daß ein Teil der Wand im tiefsten Hintergrund ersetzt ist durch eine Riesenplastikplane, mit dem Aufdruck der internationalen Organisationen (U. N. Q. R., E. F. T. A., U. E. F. A., oder was auch immer), die sie dem kriegsgeschädigten Hotel gespendet haben; Plane, die sich zeitweise bewegt, aber nichts von draußen durchscheinen läßt; davor, als einzige Zier im Saal, ein immergrüner Strauch, obenauf ein Kinderhandschuh; daneben, liegend, ein dicker toter Baumstamm. Auftritt nun, von der Empfangshallenseite und vom Vorplatz, LUIS MACHADO, wie nach einem langen Fußweg, beschwingt, im schneebedeckten Wintermantel und Hut; den Hut nimmt er gleich ab, den Mantel behält er an.

LUIS MACHADO
so im Stehen. Hey John! Ola, buenas noches, mi querido Jack!

JOHN O'HARA
auftretend von der verdeckten Seite des Saals, hemd-
ärmelig, »wie nur je ein irischer Amerikaner« – und ist
das nicht die berühmte Augenklappe? nein, es handelt
sich um einen jener »Schlafhelfer«, zum Augenverdun-
keln bei langen Überseeflügen; damit auf die Szene
getaumelt, nimmt er das Ding jetzt ab und taumelt
ohne es weiter, eher wie in Schlaftrunkenheit. Bienve-
nido, Luis! Willkommen hier in Acapulco beim Bestimmen der Darsteller, der Helden und der Schurken für
unseren europäisch-amerikanischen Gemeinschafts-
film vom Krieg!

LUIS MACHADO
Das hier ist nicht Acapulco, Mr. O'Hara. Nur das Hotel
heißt so, oder hat einmal so geheißen, vor dem Krieg. Wir
sind hier in einem Schluchtkessel, in einer kleinen Stadt,
oder einem Dorf aus mehreren Dörfern, eines sonst fast
entvölkerten Bezirks im innersten Balkan, fern von einem Meer, fern von jeder Palme, fern der europäisch-
amerikanischen Welt, mitten im langen bitterkalten dinarischen Winter, am Anfang wieder einer Nacht. Die
Sommerhelle ist Studiolicht. Wie war der Flug?

JOHN O'HARA
Ohne Problem. In keiner Zeit von unserm Kontinent zu
eurem. Die Anblicke, Geräusche und Gerüche hüben
wie drüben. Die Probleme begannen erst mit dem
Grenzübertritt in das Land hier, wo der scheint's häu-
figste Spruch »Kein Problem!« ist.

LUIS MACHADO
Immer noch so häufig wie seinerzeit, als das Land noch
groß und ganz war. Und fast immer noch so häufig wie
zu der Zeit, als das große Ganze auseinanderkrachte.

JOHN O'HARA
Mit dem Eintritt ins Land hier hätte ich nicht mehr
sagen können, wo ich war. Nicht bloß kein Schimmer
von meinen Vereinigten Staaten: auch ein Europa – ist
das denn überhaupt »Europa«? »Asien« ist es auch
nicht? was ist es? –, wie es sich meine Amerikaner-
augen nie hätten träumen lassen. Nicht, daß ich mir
etwa das Grün meines Altvordern-Irland erwartet
hätte, oder Ihre spanische Hochlandsteppe, Luis,
oder das Matterhorn, oder den Himmel über Delft,
oder eine Audienz beim Papst. Aber doch wenigstens
hier und da einen kleinen Hinweis auf Universelles,
auch bloß ein internationaler Firmenname – es muß ja
nicht »Benetton« sein. Trotz einer gewissen Allgegen-
wart der Euro- und Dollarscheine: was für eine
Fremde. Was für ein Abenteuer. *Er kommt wieder
ins Taumeln, fängt sich mit einem kleinen Tanz und
landet so in dem Sessel mit seinem Namen.* Traum-
fremd. Traumnah. Jemand, der mir für unsern Film
den Traum erklärt?

LUIS MACHADO
Es gibt Experten. Sie warten schon auf ihren Auftritt. *Er
zeigt auf die Schwenktüren.*

JOHN O'HARA
Oder wollen wir den Traum einfach nur kräftig weiter-
träumen? – Was für Experten?

LUIS MACHADO
Historiker, Ideologieforscher, Religions- und Kriegs-
wissenschaftler, Spezialisten für Schwarze Löcher, für
Leute mit zwei Köpfen und halben Herzen, für balkanesische Flughunde.

JOHN O'HARA
Und die sollen im Film mitspielen?

LUIS MACHADO
Das liegt in unsrer Hand, John. Wir beide bestimmen,
nach Anhören der einen und der andern, die Geschichte. So haben unsere Produktionsgemeinschaften
hüben und drüben es sich zumindest vorgestellt.

JOHN O'HARA
Los denn. Setz dich, Don Luis.

MACHADO
Fürs erste stehe ich. Das soll das Defilee beschleunigen.
Es soll nicht länger dauern als dann unser Film. *Er
klatscht in die Hände.*

O'HARA
Andrerseits sollten wir uns nicht scheuen vor einer gewissen Dauer. Je älter ich werde, desto weniger erlebe ich bei jeder Art von Beschleunigung.

DER ANSAGER
sich lösend aus dem Hintergrund. Die Reihenfolge, in der die möglichen Akteure des Films sich vorstellen werden, stimmt nicht überein mit dem Verlauf der Geschichte. Die Szenen, die sie spielen werden, sollen Ihnen bloße Einstimmungen sein zu Ihrer beider Film. Es soll Ihr Film werden! Es bestehen nur gewisse Richtlinien, gezogen durch das Weltkomitee für Ethik, das Internationale Ästhetik-Institut, undsoweiter.

O'HARA
Wer ist der Autor?

MACHADO
Wo ist der Autor? Wo versteckt er sich?

ANSAGER
Es ist ein Einheimischer; einer von hier. Er ist spurlos verschwunden; verschollen.

MACHADO
Hat er Angst vor seinem internationalen Publikum?

O'HARA
Wir sind weniger international, als er vielleicht glaubt.

ANSAGER
Jedenfalls sind Sie den Autor los. Und außerdem wird er
nicht mehr gebraucht. Sie sind frei. *Er gibt das Signal
zum ersten Auftritt und kündigt diesen dann an:* Ein
Greis, vor dem Krieg Fremdenführer – natürlich nicht
hier in der Einöde, sondern in der einzigen sehenswür-
digen Stadt des gesamten späteren Kriegsgebiets –, eine
von sämtlichen Parteien respektierte Gestalt, nach dem
Krieg große Auftritte in mehreren Dokumentarfilmen,
umfassend gebildet, fließend Deutsch und Englisch,
durchtränkt von mitteleuropäischer Kultur, gebadet
in orientalischer Weisheit –

MACHADO
Keine Beiwörter, por favor.

O'HARA
Und keinen Kommentar.

ANSAGER
– wird Ihnen nun einen Abriß geben vom Zusammenleben der Völker einst im Frieden. *Er wiederholt das
Signal. Zugleich mit dem schlohweißhaarigen* FREM-
DENFÜHRER, *der augenblicks gemessen durch eine der
Schwingtüren auftritt, irrt von der Hotelhalle her ins
Bild eine unbestimmbare, am ehesten forstarbeiterhafte
oder waldläuferische Figur, die in der Folge als Zuschauer im Speisesaal steht, nah an dem Spielpodest,
durch keine Geste des* ANSAGERS *zu verscheuchen.*

15

FREMDENFÜHRER

auf dem Podest – Möglichkeit, sein Gesicht zugleich mit Video groß auf einer weißen Fläche zu zeigen. Schon in der ersten europäischen Schöpfungsgeschichte, jener des Griechen Hesiod, wird unsere Stadt erwähnt als eine der Grenzstädte des seinerzeitigen zivilisierten Erdkreises, als Leuchtturm gegen das barbarische Dunkel, lange vor Christus und Mohammed. Der erste Tempel des Sonnengottes soll da gestanden haben, an Stelle der anderswo üblichen Vorposten: nach allen Seiten offen, Durchgangsstation für die verschiedensten Völkerschaften und darüber hinaus in jeder Hinsicht deren Tauschplatz – Markthalle, Akademie, Athletentransfer, Mischehenanbahnung –, gemeinsamer Friedensbrennpunkt schon gleich zu Beginn der Geschichte. »Stätte des Sonnengottes« unsere ganze Stadt, und ihr Name soll sich ja auch davon herleiten. Und durch die Jahrhunderte und Jahrtausende ist sie dann ihrem Ursprungsnamen treu geblieben! Der große Omar Khayam besang sie in einer der wenigen von seinen Quatrinen, das heißt: Vierzeilern, welche nicht von der Sinnlosigkeit des Erdendaseins und dem Sterbenmüssen handeln. Hafis stellte sie einem auch im Winter fruchttragenden Weinberg gleich. Spinoza widmete ihr seine Ethik, und Shakespeare siedelte in unserer Stadt bekanntlich das Lustspiel vom Sommernachtstraum an – während heute da bekanntlich, nicht wahr, eher die Tragödie von Romeo und Julia aktuell ist. Seit ewigen Zeiten war unsere Stadt ein Muster für die übrige Welt. Hundert- und Dreißigjähriger Krieg gingen weit an ihr vorbei. Die Schlachtfelder des Ersten Weltkriegs waren woanders. Im Zweiten Weltkrieg wurde eine andere – ganz andere! – Balkanstadt bombardiert, und nicht nur von einer Kriegsmacht, von allen! Von allen! Hintereinander! Flächendeckend! Drauf! Bis zuletzt hat jedes einzelne Volk hier auf den Hochzeiten der anderen örtlichen Völker friedfertig mitgetanzt. Daß der erste Tote im ersten Krieg hierzulande dann ein Hochzeiter war: purer Zufall. Was ist uns da nur zugestoßen? Womit haben wir das verdient? Unsere Unglücksgeschichte begann mit denjenigen, die mit der Stadt nichts im Sinn hatten. Nicht bloß mit unserer Stadt – mit den Städten überhaupt; den Metropolen; der Polis; dem artikulierten Sprechen. *Hier etwa beginnt die von draußen dazugestoßene, unbestimmte Figur, der* WALDLÄUFER, *Laute auszustoßen,* »*Urlaute*«, *wie für sich, im Spiel.* Nein, das hier war kein Krieg der Religionen oder der Völker, vielmehr ein Krieg des Hinterlands gegen die Stadt, eines Hinterlands, das ein einziges Riesengebirge ist, ein vieltausendfach zerklüftetes, gegen die einzige Stadt da, die den Namen verdient. Land gegen Stadt. Berg gegen Tal. Bergler-Barbarei gegen Ebenen-Elite! Dorfschlager, Drina-Marsch, Schnaps und Ich-fick-deine-Mutter gegen Beethoven, Ingmar Bergman, The Pursuit of Happiness, Sah ein Knab ein Röslein stehn, Parlez-moi d'amour, I Want To Hold Your Hand and Besame mucho!

Im Abgehen von dem Podest macht er einen Umweg hin zu dem WALDLÄUFER, *der, immer weiter mit seinen Urlauten, untermischt mit Maultrommel, spielend, zu dem Schlußsatz des* FREMDENFÜHRERS *sich eine Art Trappermütze aufgestülpt hat, jetzt mit den Zähnen etwas wie eine Schnapsflasche entkorkt und deren Inhalt in sich hineingurgelt. Und auch der* FREMDENFÜHRER *fällt nun in Urlaute – es ist aber nur die Landessprache –, und es kommt zu einem zunächst unverständlichen Frage- und Antwort-Geschehen, in das auch der* ANSAGER *miteinstimmt. Und allmählich wird das Kauderwelsch verständlich.*

WALDLÄUFER
Schon lange nicht mehr gesehen.

FREMDENFÜHRER
Hallo, Nachbar. Wann begegnet man dir wieder auf dem Markt, mit deinem selbstangebauten Tabak, dem Waldhonig und den Pilzen?

WALDLÄUFER
Die Entminung ist immer noch nicht ganz beendet – und das zehn Jahre nach dem Krieg. Aber im Mai bringe ich dir die ersten Erdbeeren, in die Hand. *Er nimmt das vorweg. Unwillkürlich er und der* FREMDENFÜHRER *gemeinsam:* Rot die Berghänge im Mai wie ein Kelimteppich.

ANSAGER
Jede Böschung im Land ein Kelim.

FREMDENFÜHRER
Was habt ihr im Krieg gemacht?

WALDLÄUFER
Ein paarmal bin ich im internationalen Fernsehen auf-
getreten, so, mit der Flasche in der Hand, als der dritte
Böse in der zweiten Reihe von links. Aber hauptsächlich
habe ich gezittert und zittere immer noch. Und nach
dem Krieg war ich fünf Jahre in einem Gefängnis in
Deutschland, verurteilt von einem deutschländischen
Richter, wegen Hilfe beim Volksmord.

ANSAGER
Ich war nacheinander Amateurfunker in drei Enklaven,
erst der einen, dann der andern, dann der dritten
Kriegsseite. Und jedesmal kam ich mit einem meiner
Funksprüche in die Weltnachrichten, und alle drei stehen inzwischen längst als Fakten in den jeweiligen drei
Geschichtsbüchern. Die Phantasie an die Macht! Außerdem wurde mir ein Arm abgerissen – aber nein, das
war mein Vater, und das war in einem anderen Krieg,
und außerdem ist mein Vater tot. Und außerdem wurden mir die Hoden abgebissen – aber nein, das war der
Nachbarssohn.

FREMDENFÜHRER
Und ich habe während des ganzen Krieges weiterhin
Fremde durch die Stadt geführt, mehr als je zuvor, und
andere Fremde als zuvor: die in der Kriegsstadt gleich so
zuhause waren wie daheim wohl nie; und denen ich als

Überleitfigur diente, von der Bildsequenz mit den Bestien in den Bergen zur nächsten mit den kosmopolitanen Passanten auf der urbanen Platanenpromenade: ich als die Sonore Silhouette der selbst im Krieg weiterswingenden transkontinentalen City-Civilisation. Und diese Fremden aus aller Herren Länder haben mir nichts, dir nichts die Freunde und Nachbarn von früher ersetzt. Schließlich habe ich von ihnen gelebt, während ich an den Freunden und Nachbarn beinah gestorben bin –

WALDLÄUFER
unterbricht ihn. Weißt du, welche Wörter ich nie mehr hören will, nie mehr?: »Mein Freund«, »mein Nachbar« – *Er fällt zurück in die Urlaute.*

FREMDENFÜHRER
nimmt sich die schlohweiße Perücke ab, reißt sich Masche und Schärpe ab. Und ich hasse »Liebe«, »Gott«, »Garten«, »Quelle«, »Apfel«, »Zwetschke«, »Nationalbibliothek« – *Er hat einen Rückfall in die Urlaute.*

ANSAGER
Und ich ficke deine »Mutter«, das »Symphonieorchester«, die »Menschenrechte«. Und ich scheiße auf eure »bedrohten Völker«, eure »Menschenrechtsbeobachter«, eure »Humanschutztruppe«, die »Weihnachten in der belagerten Stadt«, den »Cellospieler auf dem Friedhof«! – *Und auch er fällt zurück in die Urlaute, womit die drei einander nun anbrüllen, oder plärren*

*sie? heulen sie? lachen sie? Und augenblicklich brechen
sie dann ab. Der* FREMDENFÜHRER *irrt, auf der Suche
nach seinem Abgang, kreuz und quer durch den Saal,
verschwindet im Vorraum, kommt zurück, irrt weiter;
der* WALDLÄUFER *fällt auf einen Stuhl hinten, schlägt
mit dem Kopf auf den Tisch; der* ANSAGER, *nachdem er
den* FREMDENFÜHRER *durch die Abgangsschwingtür
geleitet hat, serviert den beiden Regisseuren vorn in
Kellnerhaltung ein Getränk und nimmt wieder seine
Ansagerpose ein.*

FREMDENFÜHRER
zurück in den Saal verirrt. Jener erste Tote, der Hochzeiter, mit dem der Krieg dann losbrach, gehörte zu
denen vom Land. Aber für das Bewerten eines Krieges – was zählt es, auf welcher Seite der erste Tote war?
(*Gemeinsam mit dem* ANSAGER:) Oder doch? Oder
gerade das? In diesem speziellen Krieg gerade das?
(*Irrt ab in die Küche.*)

O'HARA
Hast du je einen Kriegsfilm gedreht, Luis?

MACHADO
Das hier wird mein erster sein. – Aber ist nicht ein
Unterschied zwischen einem Kriegsfilm und unser bei-
der Film vom Krieg?

O'HARA
Laß deine europäischen Spitzfindigkeiten.

MACHADO

Aber manche Spitzfindigkeiten öffnen doch die Augen?

O'HARA

Kriegsfilm oder Film vom Krieg: Ich will etwas schön der Reihe nach Erzähltes, ohne Hintergedanken und Seitenblicke. Erzählt wie ein-und-aus-geatmet, ob mit dem Atem des Großen Geistes der Rockies oder dem des Ebro- oder Donau-Deltas.

MACHADO

Und ich mit meiner spanischen Liebe für Heimlichkeiten, vertauschte Rollen, jähe Wendungen. »Schön der Reihe nach«: der Lebende lebendig, der Sterbende sterbend, der Tote tot und begraben wie nur je in Tombstone. Und ich mit meiner spanisch-europäisch-arabischen Liebe für Verkleidungen und Verwandlungen. »Schön der Reihe nach«: ob das diesem Krieg hier gerecht wird?

O'HARA

Gerecht oder nicht: Hauptsache, unser Film hat seinen Rhythmus. Stimmt der Rhythmus, stimmt das Ganze. Und ich und du, wir haben den Rhythmus, jeder auf seine Art. Ich werde die Außenszenen drehen, und du die innen. Für mich die Aktionen und Dialoge – für dich die Monologe und die Träume. Für mich die Totalen, für dich die Großaufnahmen –

22

MACHADO
– aber keine mit dem Messer am Auge!

O'HARA
Für dich die Flüche und Gebete, für mich die Schläge-
reien und die Lieder. Mir der Kriegsfilm und dir der
Film vom Krieg! *Beide sind im Verlauf des Dialogs
aufgestanden und setzen sich jetzt wieder, trinken einander zu.* O'HARA *legt, »wie nur je ein Amerikaner«,
die Beine auf den Tisch und pfeift mit zwei Fingern: Die
Rollenparade soll weitergehen. Der* ANSAGER *gibt sein
Signal. In der Küche geht das ständige leichte Rumoren
dort über in einen kurzen Tumult, der gleich übergeht
in Stille. Ein* HOCHZEITSPAAR? *tritt durch die eine
Schwingtür, wird aber von dem* ANSAGER *sofort durch
die Nachbarschwingtür zurückgescheucht.*

ANSAGER
liest halb von einem Zettel. Als nächstes präsentieren
sich Ihnen nun zwei »Historiker«, der eine ein Amateur,
der freilich sein ganzes bisheriges Leben hier in der
Problemzone verbracht hat, eine Art Heimatforscher
auf eigene Faust – der andere ein führender Wissenschaftler, zu finden auf allen Debattenseiten der füh-
renden internationalen Zeitungen: der Balkanexperte
der Universität von Coimbra in Portugal, mit der Kri-
senregion auf du und du aufgrund zahlloser Einladun-
gen durch diese und jene hiesige Institutionen und,
darüber hinaus, enger Verwandtschaftsverhältnisse:
verheiratet mit einer Landestochter. *Er streicht auf*

dem Zettel durch: – Ein eher überflüssiger Drehbuchvorschlag. – Der verschwundene Autor hatte vor, im Verlauf des Films von einem Bewußtseinswandel des Historikers zu erzählen: Dieser erkennt, daß der Abstand seiner Wissenschaft nicht etwa gleichbedeutend ist mit einem Sichheraushalten aus der Aktualität, sondern ihm den Anstoß geben soll zum Eingreifen. Er, der reine Geschichtswissenschaftler, erkennt seine Aufgabe als Handelnder. Vorschlag des verschollenen Autors: der Historiker entschließt sich, wie einst der Advokat Abraham Lincoln, im Lauf der Geschichte Politiker zu werden und den Völkern hier den Weg zu zeigen –

O'HARA
Das genügt. Keine Kommentare. In meinen Filmen gibt es keine Kommentare.

MACHADO
Und keine Vorwegnahmen. In keinem meiner Filme habe ich je etwas vorweggenommen.

WALDLÄUFER
hebt den Kopf vom Tisch. Historiker, auftreten! Auftreten, Heimatforscher! *Zwei Silhouetten sind schon vorher sichtbar gewesen hinter dem einen Milchglasbullauge. Und nun brechen zwei Gestalten durch die Schwingtür und marschieren zum Spielpodest. Aufnahmelicht – oder auch nicht. Groß ihre Gesichter auf Videoschirm – oder auch nicht.*

HEIMATFORSCHER *oder* ORTSCHRONIST
Ich als Chronist sollte eigentlich unsichtbar sein –
sichtbar allein in meiner Schrift. Und sichtbar meine
Schrift erst lang nach meiner Zeit. Und in der Schrift
nicht sichtbar meine spezielle Hand – kein ausgefalle-
ner Ausdruck, kein Schnörkel. Fülle des Chronisten-
lebens. Gipfel des Daseins. Für mich jedenfalls. Und
jetzt hat der Krieg den Chronisten an das Licht gezerrt.
Und ich soll reden. Ich! Schon »Ich und Chronist«, das
geht nicht zusammen. Und erst: Chronist und reden!
Die Maus soll dich ficken! Eure Fotzen sollen ver-
trocknen wie Tintenfässer! Ich lutsche deine Augen
aus wie zwei Mirabellen! – Ich bin vom Dorf. Aber
vergeßt alles, was das Wort »Dorf« je bedeutet hat. So
herrliche Dörfer wie die hiesigen hat es nirgends sonst
auf der Welt gegeben, auch nicht bei den Indianern der
amerikanischen Nordwestküste. Inzwischen aber paßt
zu meinem Dorf, und zu fast jedem Dorf hier, der
Name »Selo«, das ist »Ort« – in dem Sinn, wie viele
Orte auf dem Balkan »Jezero«, das ist »See«, heißen,
ohne daß auch nur eine Lache übrig wäre.

HISTORIKER
Ja, wolltet ihr das denn nicht: allein sein, jeder für sich,
wie jetzt, allein mit seinem Pflaumenbaum, dem die
Krone weggeschossen ist, seinem Schwein oder
Lamm, das auf drei Beinen geht, und dem verrosteten
Traktor des Nachbarn –

WALDLÄUFER
aus seinem fast ständigen, fast unhörbaren Kauder-
welsch dreinfahrend. Noch einmal »Nachbar«, und
ich schneide dir, oder mir, die Kehle durch.

CHRONIST
Das mit dem friedlichen Zusammenleben seit Jahrhun-
derten war nichts als Erfindung mancher Kriegsführer
hier, bestimmt für die Zugereisten aus den fremden
Kapitalen, Verkaufsargument für die Kriegspolitik.
Harmonie zwischen diesen und jenen? Aus der Luft
Gegriffenes, auf Sand Gebautes.

HISTORIKER
Warum nicht auf Sand bauen? Kann so ein Bau nicht
manchmal standfest sein wie nur je einer? Und warum
eine Zusammengehörigkeit nicht aus der Luft greifen?
Aus was sonst sie greifen als aus der Luft?

CHRONIST
Und das sagt ein Historiker? Ein Wissenschaftler?

ANSAGER
in seiner Zettelwirtschaft blätternd. Hier deutet der
Autor schon den künftigen Staatsmann und Visionär an.

CHRONIST
Aber solche Einheit doch nicht greifen aus unsrer spe-
zifischen Dörferluft, und auch nicht aus der Luft unsrer
paar Klein- und Größerstädte, und schon gar nicht aus

26

der unsrer angeblich immer so kosmopolitisch gewese-
nen Metropole! Etwas Menschenmögliches wäre so ein
friedliches Miteinander –

WALDLÄUFER
gurgelt oder stottert dazwischen. Noch einmal »Einheit«, »Menschenmöglichkeit« und »friedliches Miteinander«, und ich ziehe meine verrostete Handgranate
und stecke sie euch, oder mir, zwischen die Eier –

CHRONIST
– zu begründen war so ein Luftschloß einzig aus der
Luft des ganzen Landes hier, und nicht aus der eines
beengten Kleinstaats. Nur einem ganzen großen Land
entspricht, hätte entsprochen, wird entsprechen solch
ein Harmonietraum, und nicht einem erkünstelten und
herbeimassakerten Kleinstaat. Und einem großen Land
entspricht der Miteinandertraum der verschiedensten
Völker nicht bloß – er bringt es weiter. Ich sage nur
»Amerika«!

O'HARA
Keine Thesen. Das soll ein Spielfilm werden.

MACHADO
Und keine Schlußworte gleich am Anfang!

CHRONIST
Zurück zur Chronik des Dorfes. Dieses war schon im
Vorkrieg längst nur noch ein Ex-Ort, und nicht einmal

ein Rest-Dorf – ein Phantom, ein böses. Jeder einzelne von uns, von Gehöft zu Gehöft, vom Siedler dieses Berghügels zum Siedler des Berghügels jenseits der Schlucht, hatte seine eigene Zeitrechnung. Damit meine ich nicht bloß die verschiedenen Feste der verschiedenen Religionen – nein, die profane Zeit war es, die in unserem Dorf allmählich furchtbar auseinanderfiel.

HISTORIKER
Ist das nicht gegenwärtig überall auf der Welt so? Was ist so furchtbar daran?

CHRONIST
Furchtbar, weil diese Ungleichzeitigkeit zum Krieg geführt hat. Und nackt furchtbar wegen der Eigenart unseres Dorfs und unserer Dörfer.

HISTORIKER
Das mangelnde Simultan von Dorfhaus zu Dorfhaus brach den Krieg vom Zaun im ganzen Land?

CHRONIST
Trug dazu bei. Und vor dem Ungleichzeitigwerden des einen Nachbarn mit dem andern –

WALDLÄUFER
Weg mit den Nachbarn! Tod den Nachbarn!

28

CHRONIST
– geschah in unserm Dorf noch etwas: das Einander-
Unsichtbarwerden. Wir sind einander aus dem Blick
geraten, und nicht nur der Nachbar –

WALDLÄUFER und ANSAGER
der wie unwillkürlich miteinfällt. Fick die Nachbarn.
Tod den Nachbarn.

CHRONIST
– nicht nur der Nachbar vom Gegenhügel, sondern
auch der gleich nebenan, hinter der Hecke. Schon immer waren unsere Gründe an ihren Grenzen ziemlich
verwachsen – noch nie aber so dicht wie damals, als wir
einander unsichtbar wurden. Zwar hörte und roch
einer den andern weiterhin durch das Dickicht, Geräusche, Gerüche und Gestank verstärkten sich sogar,
weil jeder sich eben ungesehen wußte. Aber wenn ich
von meinem Mitdörfler überhaupt noch etwas zu Gesicht bekam, dann war das höchstens ein einzelnes
Auge hinter einem Busch, ein Falschgoldzahn, ein Trai-
ningsanzug, ein Urinstrahl bei Sonnenuntergang, oder
die Nase seines neuen Autos, oder die Spitze seines
neuen Zierbaums – es gab zuletzt fast nur noch
deutsch-amerikanische Zierbäume in Selo, und das in
der Obstbaumgegend Balkan! Auch Garten an Garten,
gerade da, verloren wir Nachbarn einander mehr und
mehr aus dem Gesicht –

WALDLÄUFER, ANSAGER und HISTORIKER
dieser wie unwillkürlich. Fick die Nachbarn. Tod ...
usw.

CHRONIST
Ich verlor die Gesichter der andern. Inzwischen, sogar
wenn ich ein klares Gegenüber vor mir habe, Augen,
Nase, Mund, sehe ich kein Gesicht mehr. Und was war
ein Gesicht doch einmal für ein Ereignis! Ich habe das
Gesicht des andern verloren. Es hatte keine Form mehr,
schon lange bevor ich es zu Brei trat –

WALDLÄUFER, ANSAGER, HISTORIKER
*wie oben – wobei ihr Chor eine Art Echo, wie aus
hundert Kehlen, aus der Küche bekommt.*

CHRONIST
Ja, so sind die Nachbarn mir zu Phantomen geworden.
Je mehr auf den Leib sie mir rückten, desto phantom-
hafter wurden sie. Und alle wir Nachbarn wurden böse.
Nichts, was einen so böse und schlecht werden läßt wie
schlechte Nachbarn. Der Friedlichste wird kriegerisch
durch üble Nachbarschaft. Kriegsursache: schlechte
Nachbarschaft. Unter den Dachziegeln eines jeden
Hauses brüteten die Hornissenlarven und der Krieg.
Und ich habe Abschied genommen vom Amt des Chro-
nisten. Ich habe mich in Selo-ne-Selo trainiert für den
Feind. Vom Chronisten zum Karatisten. Und ich hatte
eine Ausrede: ohne jedes Synchrone im Dorf erübrigte
sich auch der Chronist. Von dem allseitigen Unsicht-

barwerden der Gesichter zur allgemeinen Ungleichzeitigkeit und Gegenläufigkeit der täglichen profanen Verrichtungen zum Ausbruch des Krieges. Den Nachbarn, den ich gleich am ersten Kriegstag in seinem Haus verbrannte, hatte ich in den Jahren zuvor gedankenweise schon mindestens zehnmal beseitigt. Wenn ich das Holz für den Winter sägte und er dagegen drüben seinen Hammel briet, sägte ich ihn in kleinste Stücke. Wenn ich ihn im Mai mit seiner vollzähligen Familie auf den Feldern harken hörte, zu Transistormusik, die lauter war als das sechzehnhändige Harken, habe ich in meinem Keller die Fässer mit dem Druckschlauch ausgespült und die ganze Sippe ertränkt. Und ich wußte, daß die dort mit ihrem Harken an mir und den Meinen das Entsprechende taten. Ich hier verbrenne das Obstgartenlaub, und er seinerseits verprügelt seinen Esel – dann seine Frau – dann seinen Jüngsten – dann wieder seinen Esel – und dann verprügelt die gesamte Familie ihrerseits ihn, und ich verbrenne, verbrenne, verbrenne das Obstgartenlaub. Komm über uns alle, Engel des Gerichts, oder Engel der Auferstehung.

WALDLÄUFER
Engel des Gerichts.

HISTORIKER
Nein, Gericht der Geschichte!

ANSAGER
Engel des Gerichts und Engel der Auferstehung!

CHOR
aus der Küche. Engel der Auferstehung!

WALDLÄUFER
Engel des Jüngsten Tags.

CHRONIST
Dann also der Krieg. Ich war im Krieg. Ich habe getötet.
Ich habe erwürgt, und nicht nur meinen unmittelbaren
Nachbarn. Bei den Leuten im Dorf und bei den Leuten
der umgebenden Dörfer habe ich mir noch eine Maske
aufgesetzt *er setzt sich eine Maske auf,* später dann
nicht mehr *Maske ab.* Ich habe genau das getan, was
ihr über mich gehört habt. Ich war der Rabe, der dem
Feldhasen bei dessen Hakenschlagen in den Hinterlauf
fiel. Ich bin die Schlange, die ihre Ringe straffzog um
den Raben. Ich bin der Fuchs, der die Schlange auffraß,
vom Kopf her bis hinten zum Schwanz, und von diesem
liegt noch das letzte Stück auf einem Feldweg und
schnellt nach allen Seiten. Ich bin der balkanische
Wolf mit Fuchsfleischgestank an den Barthaaren. Ja,
ich bin der nur noch in unseren Breiten hier vorstellbare
Töterich, den ihr kennt aus eurem weltweiten Fernsehen und demnächst noch ganz anders kennen werdet
im Film. Derjenige, den, während er seine Taten auf-
zählt, beim Aufzählen eines jeden von ihm Erwürgten
mitten in der jeweiligen Zahl der Schluckzwang befällt
– seht seinen die Kehle hochaufhüpfenden Adamsapfel!
Und ich war es, der eine Mutter mit ihrem Kind lebendig in Beton goß und die Gruppe dann als Andachts-

säule an eine Wegkreuzung stellte. Und einen, dem ich gerade alle Zähne eingeschlagen hatte, habe ich einer Gruppe von internationalen Beobachtern vorgeführt mit der Bemerkung, er komme gerade vom Erdbeerenessen. *Er hält ein.* Und da seht ihr nun, wohin es führen kann, wenn ein Chronist, statt bei seiner Sache zu bleiben, ans Licht gezwungen wird und reden muß. Die von meinem Traktor zu Tode geschleifte schöne Nachbarin –

HISTORIKER
Wieso »schön«? Für dich und deinesgleichen hatte doch niemand mehr ein Gesicht?

CHRONIST
»Schöne Nachbarin« hieß sie bloß so, im Volksmund. Und ich auf dem Traktor mit meiner Maske auf. *Er setzt diese auf und ab.* Und das Schreien in meinem Rücken. Kennt ihr das? Auf der leeren Straße geht jemand hinter dir, ein Unbekannter, von dem du nur das Knallen und Kratzen seiner Absätze oder ein Schnaufen oder Schniefen hörst. In Gedanken brichst du ihm das Genick. Und dann überholt dich der Fremde – und du siehst für einen Augenblick ein unglaublich sanftes Menschengesicht, ein verlorenes, sterbenseinsames Menschenkindgesicht – das Schönste, was dir auf der Erde begegnen kann –

WALDLÄUFER
Ja!

CHRONIST
Hätte ich mich nur nach der Schönen Nachbarin umgedreht!

WALDLÄUFER
Auf ewig zu spät!

CHRONIST
Und ich habe mich doch nach ihr umgedreht. Und da war auch ihr Gesicht überm Asphalt. Nur habe ich es nicht gesehen. Ich konnte es nicht sehen. Selo-ne-Selo! Ort Nichtort!

HISTORIKER
Zur Sache. Geschichtsforschung ohne Eifer und Zorn, ohne Vermengung von Individuellem und Allgemeinem. Das einzig für mich Brauchbare in deiner Suada: es gab demnach, Selo oder Ne-Selo, auch mitten im Krieg dort noch einen Volksmund.

CHRONIST
Volksmund, und Volk. Und dieses wird einmal neu sichtbar werden, in einem neuen Jahrhundert.

HISTORIKER
Der Chronist als Volksmystiker. Aber die Mystik darf nicht die Geschichte revidieren. Die Geschichte geht über die Mystik. Wenn die Mystiker das letzte Wort haben und nicht wir Geschichtswissenschaftler, kommt es am Ende dazu, daß die Ausrottung der Indianer

bloßes Vordergrundgeschehen war, während im großen Hintergrund die Menschheitskarawane ihre Ewigkeitsspirale zog. Klare Daten, klares Material, klare Quellen. In all meinen Expertisen habe ich glasklar bewiesen: Du bist ein Verbrechervolk und wirst am Pranger der zivilisierten Welt stehen bis ans Ende der Zeiten. Du bist die Horde geblieben, die du von Anfang an warst, eingefallen aus den nordöstlichen Steppen. Jahrhundertelang mußten die alteingesessenen Völker hier deinen Knoblauchgestank und deine Bärte ertragen. Zwar hast du zum Schein deine Religion der allgemeinen angeglichen, warst aber in Wahrheit eine ungeschlachte Sekte mit einer abweisenden Geheimschrift. Ständiges Betrunkensein war der Horde Pflicht, und die Frauen, auch deine eigenen, nahmst du grundsätzlich mit Gewalt. Dein erster König war ein Schweinehirt, sein Gegenspieler ein Pferdedieb. Der Pferdedieb erschlug den Schweinehirt und wurde König Zwei. Und so, mit dem Kampf zwischen Schwein und Gaul, entstanden deine Dynastien und setzten sich getreu dem Anfang fort. In den sogenannten Befreiungskriegen giertest du in Wahrheit bloß nach einem türkischen Bad mit Massagen durch die Huris des siebten Himmels und killtest du von all den andern, unbestreitbar da ureingesessenen Völkern, was dir vor das unrasierte Gesicht, die roten Augen und die gelben Zähne kam. Den Ersten Weltkrieg brachtest du in Gang mit wieder einem Monarchenmord und zerstörtest so das humanste Weltreich seit Kaiser Augustus und König Artus. Dann der Bastard Jugoslawien Eins, nicht lebensfähig. Im Zweiten

Weltkrieg ließest du deine Nachbarvölker wählen zwischen KZ-Tod, Zwangsbekehrung und Zwangspartisanentum, zeigtest dich eifrig im Ausrotten der Juden und Zigeuner und bombardiertest Dresden, Berlin, Coventry und Linz, während deine Hauptstadt unversehrt die Weiße Stadt blieb. Dann die Mißgeburt Jugoslawien Zwei, nicht lebensfähig. Und dann der jüngste Krieg mit dir wie altbekannt – nur daß du nach dem historischen Vorbild größerer, weit größerer! Völker beim Feuern und Foltern klassische Musik hörst und dazu Anzüge nach der neuesten westlichen Mode trägst, im Revolverblau der Emporkömmlinge. Und ärger denn je seid ihr belastet mit euren alten Mythen; seid ihr, im Unterschied zu den Völkern der zivilisierten Welt, unfähig, zu trennen zwischen dem Tagauge der Historie und dem schlechtewigen Halbschlafgedöse des Mythos. Euer Geschichte-Mythos-Gemisch: eine Krankheit, die tötet – aber den andern. Sie macht dir vor, du seist das auserwählte Volk, dem das Land hier gehört. Und wenn dir die Landnahme mißlingt, hältst du dich für den Gekreuzigten: und kreuzigst den andern. – Klar? Verstehst du nun deine Geschichte? Wach auf: kein Gott sieht auf dich herab, sondern der interkontinentale Satellit. Und der bringt alles an den Tag. Ihr seid besiegt, weil die andern auf Öffentlichkeitsarbeit – auch Reklame kann aufklären! – gesetzt haben statt auf Privatmythelei; weil sie sich in einer weltweit anerkannten Sprachstruktur ausgedrückt haben statt in nationalen Legenden; weil wir uns zu einer zivilisierten Rhetorik erzogen haben, während ihr in der Geschichte

36

stehengeblieben seid bei eurer euch schon von Goethe vorgehaltenen halbbarbarischen Kurzangebundenheit! *Er greift sich eine auf dem Podest liegende Geige und spielt oder mimt ein paar Takte von »Der Tod und das Mädchen«. Der* CHRONIST *antwortet darauf mit einem nicht eben mitteleuropäisch anmutenden Harmonikatonbruchstück, und so entspinnt sich eine Art kleinen Dialogs oder zunehmend heiteren Streits. Und jetzt erscheint eine* SCHÖNHEITSKÖNIGIN *von der Seite der Hotelhalle, in einem Bärenfellmantel, aufgemacht als Filmstar. Sie stöckelt rasch durch den Saal und verschwindet in die Küche. Auch der* WALDLÄUFER *hat während ihres Gangs Musik gemacht, auf seiner Maultrommel, ein mächtiges Vibrieren; indes die zwei auf dem Podest ausgesetzt haben.*

HISTORIKER
mit veränderter Stimme. Meine künftige Frau.

ANSAGER
Hier im Drehbuch-Provisorium tritt sie noch nicht auf.

O'HARA und MACHADO
gemeinsam. Das wird sich ändern.

O'HARA
Im Film wird sie eine große Rolle haben.

MACHADO
Eine große Rolle, für die »Frau eines Historikers«?

ANSAGER
mischt sich ein. »Frau des Staatsmanns«! Haben Sie
vergessen, daß der Film unter anderem davon handelt,
wie ein Geschichtsforscher zum Staatsmann aufsteigt?
Er liest aus seinem Zettelkram: »Von den durch ihn aus
ihrem hoffnungslosen Schicksalsglauben geweckten
Balkanvölkern gewählt aufgrund – noch einmal Johann
Wolfgang von Goethe! – seiner, des Geschichtsfor-
schers, ›historischen Zuversichtlichkeit‹. Ein charisma-
tischer Historiker – eine aufregende Filmfigur! Und so
kann die Frau an seiner Seite eine Hauptrolle sein!

CHRONIST
»Gewählt von den Völkern hier« – von allen?

HISTORIKER
Ja.

CHRONIST
Selbst von dem einen, das du gerade noch in Grund und
Boden geschmäht hast? Wer bist du? Nein, kein In-
länder: denn der hätte im Verächtlichmachen wenigstens gezögert.

HISTORIKER
halb schon STAATSMANN: Ja, weißt du denn nichts von
Dialektik? Indem ich dich niedermachte, wollte ich

dich zugleich aufrichten. Von den Völkern der Erde bist du das, welches am tiefsten darniederliegt. Und jeder von euch liegt allein.

ANSAGER
als »erster Parteigänger«. Volk von hier, erwache!

CHRONIST
tritt nah an den HISTORIKER heran; mit veränderter Stimme. Wer bist du? Er nimmt dem HISTORIKER die Maske ab – es war eine. Sie stehen nun da als zwei aus demselben Dorf. Nachbar!

HISTORIKER
Nachbar!

WALDLÄUFER
Nachbar! Er zieht ein für die Gegend typisches langes Messer und pflanzt es in den Tisch. CHRONIST und HISTORIKER steigen vom Podest. Für einen Augenblick scheint es, als wollten sie einander umarmen – unmöglich.

CHRONIST
Seit dem Krieg vertrage ich keine Berührung mehr.

HISTORIKER
Ich auch nicht. Nicht einmal meine künftige Frau kann ich berühren.

WALDLÄUFER
Ein Hund leckt mir die Hand, und ich würge ihn. Eine Schneeflocke kitzelt mich, und ich brülle: Alle an die Wand!

HISTORIKER
Dabei bin ich voll Sehnsucht, wie vor dem Krieg nie. Nicht einmal das Wort Sehnsucht konnte ich aussprechen. Und jetzt: Sehnsucht! Čežnja!

CHRONIST
Čežnja!

WALDLÄUFER
Čežnja!

CHOR
aus der Küche. Čežnja!

ANSAGER
wie unwillkürlich. Čežnja! *Faßt sich.* Keine Berührung: recht so. Keine Versöhnung. Sie ist im provisorischen Szenario nicht vorgesehen, und natürlich schon gar nicht eine so voreilige wie die etwa jetzt. – Nicht einmal mich selber kann ich seit dem Krieg berühren.

CHRONIST
Nicht einmal den Kopf in die eigene Hand stützen.

WALDLÄUFER
Hand auf Herz – Hand auf Schwanz – überall Kurz-
schluß – Rückstoß – nichts.

HISTORIKER
im Abgehen mit dem CHRONISTEN, *wie dieser vergeb-
lich die Tür suchend, in alle möglichen falschen Richtungen irrend.* Nur noch die Ausländer hier berühren
einander. Daran erkenne ich sie. *Immer noch irrend.*
Geschichte! Scheußlich unsterblicher Körper, der sich
auf unsrer Erde übererdgroß –

CHRONIST
immer noch irrend. – Marsgroß –

HISTORIKER
– hin- und herwälzt, seit der Nacht der Zeiten, und dort,
wo er sich hinwälzt, alles erstickt und erdrückt. Zeitweise trügerische Ruhe – der Frieden. Und dann gerät
dieser Sauleib wieder ins Gewälze, und oft, und oft, in
der Weltgeschichte an dieselben Stellen, dieselben Erd-
mulden. *Der* ANSAGER *ist den beiden endlich zu Hilfe
gekommen und weist sie zur Schwingtür – im Abgehen:*
Könnte man diesen Leib, wenn nicht vernichten – mir
scheint, er ist nicht vernichtbar –, so wenigstens lüften,
von unserer balkanischen Mulde woandershin! Es gibt
keine Geschichte. Es hat sie nie gegeben. Was man
Geschichte nennt, ist eine einzige Fälschung. Die wahre
Geschichte kennt niemand. Dieser und jener ahnt sie.
Und so wird das bleiben bis ans Ende der Zeiten. Und

die falscheste Historie ist jene, die Religion spielt, Vernunftreligion. Und das sagt ein Historiker! *Ab.*

O'HARA
nach einer kleinen Pause, in einem Schaukelstuhl, den ihm der ANSAGER *gebracht hat – einen auch für* MACHADO, *der sich endlich setzt.* Da sind wir in was hineingeraten, nicht wahr, Señor Machado?

MACHADO
Wollen Sie etwa da heraus, Mr. O'Hara?

O'HARA
Meinen letzten Film habe ich hinter der chinesischen Grenze gedreht. Hier sind wir hinter einer Grenze, die mir noch tausend Fluß- und Steppenmeilen weiter weg vorkommt. Selbst der Schnee hier hat andere Kristallformen, riecht anders. Die Geschichte fängt an, mich heiß zu machen.

MACHADO
Was für eine Geschichte? Die des Landes oder die unseres Films?

O'HARA
Die History ist für mich nur Material, eine Story zu erzählen. Und warum für die Story nicht immer wieder ein Dreh mit der History? Warum einen Film, auch gegen die sogenannte Wahrheit, nicht enden lassen mit einer Legende, oder einer guten Lüge? Warum die

42

Legenden, oder meinetwegen Lebenslügen, nicht ernst nehmen, sie weiterspinnen? Das Um und Auf für einen Film! Was für eine zerstörerische Figur seit jeher: der Aufklärer der Lebenslügen! Und außerdem gibt er schon längst keine Story mehr her.

MACHADO
Wie schwer wird uns in Spanien seit jeher der Kopf vom Studium der tausend einander widersprechenden Geschichtsbücher! Kopf hoch! sagte vor hundert Jahren mein Urgroßvater zu meinem Großvater; Kopf hoch! sagte meine Mutter zu mir vor vierzig Jahren; und Kopf hoch! sagte ich selber dreißig Jahre später zu meinem Sohn. Und so saßen wir und lasen von der Vertreibung der Araber oder der Reconquista, vom kläglichen oder heldenhaften Untergang der Unbezwingbaren Armada, vom Sommer der Anarchie oder vom Frieden durch Ordnung – schwere Köpfe durch die Generationen vom Nichtlesenkönnen der Geschichte. Gut, daß man zur Kinoleinwand aufschaut!

O'HARA
Und auf diese das Blaue vom Himmel gelogen!

MACHADO
Dazu brauchen wir freilich noch den oder die Helden. Einen zwiespältigen Helden für den Film vom Krieg – besonders diesen hier! *Er hält inne.* Weißt du, John, warum ich den Film vom hiesigen Krieg machen möchte? Erst einmal, weil mir die balkanische Land-

schaft eine neue Version meiner steinigen, leeren, meer-
fernen Meseta ist, anders nur die Farben: blaustichiger
Kalk anstelle des gelbbraunen Granit. Und dann noch
der Leitstern all meiner Filme: der Tagtraum; der, wenn
ich im Sprechen hier Atem hole, unversehens aus dem
Nebenraum tritt und an meiner Stelle weiterspricht.
Unser Film so: deine Legenden und kleinen Geschichts-
lügen, und ich meine die Stierhörner tätschelnden Ver-
rücktheiten.

O'HARA
Gibt es schon Filme zu diesem Krieg? Spielfilme?

ANSAGER
Ihrer beider Film wird ungefähr der siebenundzwanzig-
ste sein seit dem Kriegsende vor ungefähr neun Jahren.
Liest von seinen Zetteln: Nicht der letzte Film zum
Krieg, aber der ultimative.

O'HARA
Was erzählen die anderen Filme für Geschichten?
Originalschauplätze oder Dekor? In Farbe oder in
Schwarzweiß?

MACHADO
Schauspieler oder Laien? Wollen wir wetten, daß in
sechsundzwanzig dieser Filme Kinder die Hauptrollen
spielen?

44

O'HARA
Und daß jede Menge Tiere auftreten?

ANSAGER
Ja, gehen Sie denn nicht ins Kino?

O'HARA
Nein. Nie.

MACHADO
Ich schon. Aber nicht in Kriegsfilme.

ANSAGER
Ich habe alle die siebenundzwanzig Filme gesehen. Im Winter gehe ich täglich ins Kino, und die Winter hier sind lang. Und seit dem Krieg kommen mir bei fast allen Filmen die Tränen, auch in den Komödien – ein einziges Wort, eine liebe Stimme, eine Landschaft im Hintergrund, auch wenn das Australien ist – und die Augen werden mir naß.

O'HARA
Tränen im Film gelten nicht.

MACHADO
Oder nur die ungeweinten.

ANSAGER
Und das sagen Sie beide?

O'HARA und MACHADO
gemeinsam. Ja.

ANSAGER
In einem der Filme vom hiesigen Krieg habe ich geweint
für zwei. Für drei! Für ein ganzes Volk! Na, zumindest
für ein halbes. Der Film handelt von zwei Kindern, die
sich während des Kriegs vom Land, wo der Feind die
übrige Familie ausgerottet hat, durchschlagen in die
belagerte Stadt und von dort mit Hilfe eines Dichters
durch die Belagerungslinien ins rettende Ausland gebracht werden sollen. Dem Dichter ist außer den Kindern auch noch ein von einer feindlichen Granate ver-
wundeter Hund zugelaufen. Die vier, der Dichter, der
Hund und die zwei Kinder, sind durch den Film internationale Bekanntheiten geworden, und die Verant-
wortlichen für die jetzige Produktion sähen es gern,
würden sie alle zusammen, und sei es nur für eine
Episode, in der vertrauten Konstellation noch einmal
auftreten.

*Und wie aufs Stichwort zeigen sich nun in der einen
Küchenschwingtür die erwähnten vier: zwei barfüßige
Buben mit verrußten Gesichtern, ein Riesenhund mit
Leibbinde, blutgetränkt, ein Dichterdarsteller, mit
struppigem Haar, in der Hand eine Flasche, über seiner
Schulter dann auch noch etwas wie ein Eselskopf auf-
tauchend. Die vier treten jetzt vor in den Saal, wie um
sich zu präsentieren. Der WALDLÄUFER springt lautlos
auf und geht ihnen langsam entgegen.*

46

DICHTER
Laßt eure Granaten nachtlang stadtwärts schrillen: Um so mehr in meinen Armen, Geliebte, bist du mir zu Willen!

O'HARA
Zurück!

Sie kehren um, und auch der WALDLÄUFER *nimmt wieder seinen Platz ein. Der* DICHTER, *schon abdrehend in der Schwingtür, öffnet den Mund.*

MACHADO
Später!

ANSAGER
In dem bewußten Welterfolg ist das eine dieser Kinder taubstumm, und eine der Wirkungen des Films kommt daher, daß es sich nur in der Zeichensprache verständigt, die sein kleiner Freund, durch die Kriegsereignisse zum Bettnässer geworden, den Dritten übersetzt. Am Ende des Films wird eins der Kinder vom Feind hinterrücks erschossen. Auch der Hund, in einem Fluchtgraben laufend, wird abgeknallt. Der Dichter überlebt, aber er ist durch den Krieg zum Trinker geworden und rezitiert zuletzt, über den Leichen von Kind und Hund, im Schutt und feindlichen Bombenrauch eins seiner Poeme. (*Dazu die Silhouette des* DICHTERS: »Wenn ich Kind sage, meine ich Angst. / Wenn ich Bibliothek sage, meine ich Feuer.«) Die im Krieg sieg-

reiche Armee der guten Seite hat das Material geliefert und mitgewirkt, ohne sie wäre der Film nicht zustande gekommen. Die internationale Presse war einstimmig: Meisterwerk. Nur ein Kritiker irgendwo, ein Grieche, wollte Aufsehen erregen, indem er vom »Ende der Ästhetik« schrieb: der Krieg hier habe in den Journalen, und überhaupt, das Ende der Ästhetik nach sich gezogen, und das sei das Neue und Besondere an diesem Krieg: das Ende der Ästhetik. Aber der besagte Schreiber wird inzwischen nicht einmal mehr von seinem »Argosboten« oder »Nemesis-Herald« veröffentlicht. Er soll schwer trinken und auf den Feldwegen bei Archeia Nemea die Gedichte des Dichters aus der belagerten Stadt zitieren.

O'HARA
Kinder mit blutigen Bauchbinden, taubstummer Dichter, betrunkener Hund: kommt in unserem provisorischen Skript auch so eine todsichere Geschichte vor?

ANSAGER
Ich habe hier nur die Geschichte eines jungen Mannes aus den hiesigen Bergen. Einer, der von Anfang an alles tut, um sich aus dem Krieg herauszuhalten. Dann aber, als er merkt, daß das nicht möglich ist, stellt er sich in seinem Dorf –

WALDLÄUFER
dazwischenstammelnd. Selo-ne-Selo –

ANSAGER
– zwischen die einen und die andern. Er erscheint überall dort, wo es brenzlig wird. Durch sein bloßes Dabeistehen und seine Art des Zuschauens gelingt es ihm
auch wirklich eine kleine Zeitlang, das jeweils
Schlimmste zu verhindern: die Bevölkerung da kennt
ja einander mehr oder weniger – die Maskenzeit, da sie
die Masken aufsetzen, bevor sie den einstigen Freund
oder Bekannten töten gehen, kommt erst danach. Dann
aber mischen sich die Fremden ein, die Milizen und
Killer von weither, und diese Unbekannten hält kein
Dabeistehen und Zuschauen mehr ab vom Dreinschla-
gen. Der Krieg bricht aus. Das Töten beginnt. *Er legt
sich die Hand auf die Augen.*

WALDLÄUFER
Heul nicht, es ist doch nicht deine Geschichte.

ANSAGER
Ich sehe mich schon im Kino. – Und diesen Fremden, für
die das hier nur ein Abstecher ist, kann es egal sein, ob
sie einen Zeugen haben, und für die einen wie die
anderen Einheimischen ist, wie gesagt, die Maskenzeit
gekommen. Fast nur er geht noch unmaskiert. Und
obwohl der Krieg, von Haus zu Haus, in der Gegend
hier nun der Allgemeinzustand ist –

WALDLÄUFER
Spiel nicht Autor!

49

ANSAGER
– will der Held –

WALDLÄUFER
Held? Der Kerl, der Schwanz, der Irrläufer – *Er schlägt sich seinerseits die Hand vors Gesicht, mehrmals.*

ANSAGER
– will der Idiot, der Irrläufer, der Held nicht aufhören, Zeuge zu spielen. Aber warum greift er nicht ein? Die Antwort: sein Dabeistehen und Aufnehmen hält er bereits für ein Eingreifen –

WALDLÄUFER
Ja! Hat diese Jammergestalt *er schlägt sich auf den Schädel* sich denn für Gott in Person gehalten? Allein im Angeblicktwerden von dem Auge solch eines Zeugen Gottes wären die Totschläger zu Salzsäulen erstarrt oder wie Schneemänner zerflossen? *Er trommelt sich abwechselnd auf Kopf und Brust.*

ANSAGER
Und so kommt der Tag –

WALDLÄUFER
Es war schon der Abend –

ANSAGER
– da der Irrläufer auf einer Brücke dabeisteht, als eine Gruppe aus seinem Dorf, von anderen, inzwischen zu

Feinden gewordenen Dörflern, dorthingebracht, angeblich zum Transport in die Stadt, angeblich zum Schutz vor den fremden Milizen –

WALDLÄUFER
– von zwei Unbekannten, entstiegen einem schwarzen Auto am anderen Ende der Brücke, über den Haufen geschossen und in den Fluß geworfen wurde und ich Arsch meinem philosophischen System des Reinen Dabeistehens und Aufnehmens in die Falle ging.

ANSAGER
Damit beginnt des Dabeistehers Geschichte. Am Morgen nach dem Brückenmassaker verläßt er Dorf, Region, Vater- und Mutterland und schlägt sich durch in ein fernes Land, welches nach Drehbuch Deutschland sein sollte, weil jene Art internationaler Gerichtsbarkeit, unter die der Held dann fällt, unter allen europäischen Staaten nur dortselbst angewendet wird. In diesem Sinn wird er, in Deutschland verhaftet – der Haftbefehl besteht aus einem einzigen Satz: »Der Ausländer ist festzunehmen!« –, als Kriegsverbrecher vor ein deutsches Gericht gestellt –

WALDLÄUFER
Geschieht dem Ausländer recht!

ANSAGER
– und zu fünf Jahren in einem deutschen Gefängnis verurteilt. – Die Vollzugsanstaltsszenen könnten hier-

zulande gedreht werden, da dafür eine besondere Natur oder ein spezieller Himmel kaum in Frage kommen. – Aber auch das ist noch nicht die eigentliche Geschichte des Films. Diese setzt erst mit der Freilassung und Heimkehr des Dabeistehers ein. Er kehrt heim hierher in seinen Ort, wo nach dem Krieg nur noch seine Leute leben –

WALDLÄUFER
Meine Leute?

ANSAGER
Er ist der einzige seines ganzen Bezirks, der als Kriegsverbrecher vor einem Gericht stand. Deutschland hatte sich für ihn zuständig erklärt – unter all den Zehntausenden Kriegsbeteiligten, allein für ihn, den Dabeisteher! Aber – und das ist jetzt die Geschichte, das könnte der Film werden – seine Leute hier tragen ihn nicht etwa auf den Schultern herum, vielmehr weichen sie ihm aus –

MACHADO
Danke, das ist fürs erste genug!

ANSAGER
Wollen Sie denn nicht wissen, wie die Geschichte weitergeht? Wie der Film enden könnte?

MACHADO und O'HARA
aus einem Mund. Nein.

O'HARA
zeigt auf den WALDLÄUFER. Der da ist jedenfalls zu alt
für die Rolle. Einen jungen Henry Fonda stelle ich mir
vor, oder besser noch einen jungen Richard Widmark:
der stand jeweils so auffällig, fast aufreizend, aufsässig,
am Rand der jeweiligen Kampfschauplätze, daß man
ihn ständig fragen wollte: He, was paßt dir hier eigentlich nicht?

MACHADO
Oder einen jungen Francisco Rabál: der war der Mann
aus dem Süden, hätte aber genausogut den Mann aus
dem Osten oder Westen verkörpern können. Während
der da mir viel zu eindeutig nichts als der Mann aus dem
Südosten zu sein scheint. Und nie so recht jung gewesen!

WALDLÄUFER
Ja, jung war ich nur im Mutterleib. *Er sticht das Messer
in den Tisch.* Zurück hinein da und fort von hier. Weg-
rudern bis zum Schwärzer-nicht-mehr-möglich. Dort
an Land gehen und anfangen, im Stockfinstern. Alle
von hier! Und nie mehr zurück in ein europäisches Licht
kommen. Ich habe mit dem Leben abgeschlossen, Vater,
Mutter: jetzt kann ein neues Leben beginnen.

*In der einen Küchenschwingtür ist inzwischen die junge
FELLMANTELFRAU erschienen, ging quer durch den
Saal, steckte einen weiteren Kinderhandschuh zu dem
einen auf den Busch, und setzt sich nun neben den
WALDLÄUFER, ihn fast verdeckend.*

ANSAGER
In einer Spielart des Drehbuchs heißt es, der Irrläufer-
Held benutze sein Gerede, wie das eben, um sich seiner
Verantwortung zu entziehen. Schon von klein auf, sooft
er sich etwas zuschulden habe kommen lassen, sei er in
sein balkanesisches Gelalle verfallen und habe damit
von seiner Verfehlung abgelenkt. Allein daß er und
seinesgleichen mit ihrem typischen Gestammel daher-
kommen, ist schon das Indiz, sie haben etwas auf dem
Kerbholz.

FELLFRAU
Aber ist er denn nicht schon bestraft?

ANSAGER
Er ist bestraft. Aber er schuldet noch sein Schuldein-
geständnis. Er soll sagen: Ich bin schuldig. Man will ihn
Klartext reden hören.

FELLFRAU
»Man«?

ANSAGER
Wenn im Skript nichts anderes angegeben, ist »man«
jeweils »die Welt«.

FELLFRAU
Und wer ist die Welt?

ANSAGER
Wenn nichts anderes angegeben, ist »die Welt« immer »die Öffentlichkeit«, »die internationale Gemeinschaft«, »der Okzident«, »der Internaut« –

FELLFRAU
Sagen wir, ich bin von hier. Ich bin, angenommen, die Angehörige, die Verlobte, die Schwester, die Mutter eines Opfers. Und der da, Täter, Mitschuldiger, sucht mich auf – stammelt aber nur – und ich stammle zurück –, und uns beiden wird so, nur so, alles sonnenklar – »die Welt« aber, die Klartextleute, das sind die andern?

Der WALDLÄUFER *packt sie unversehens an den Haaren, schlägt ihren Kopf auf den Tisch, biegt sie zurück und faßt ihr ins Gesicht, wie um ihr eine Maske herabzureißen, wonach er sie samt ihrem Stuhl weit von sich wegstößt. Ihr Gesicht ist das Gegenteil von einer Maske. Er schlägt seinerseits den Kopf auf den Tisch und faßt sich ins Gesicht, heftiger als ihr, wie um sich eine Maske ...*

WALDLÄUFER
Zu alt für die Rolle? Dabei ist heute erst mein einunddreißigster Geburtstag.

FELLFRAU
Es schneit stärker. Die Grabhügel, die Zaunpfosten und die Kohlenhaufen wölben sich. Auf dem Quaderziegel

55

bildet der Schnee eine Halbkugel, auf dem Ball dagegen eine Pyramide! Ich werde beim Nachbarn die Milch holen.

WALDLÄUFER
Und leih uns auch etwas Salz und Eier aus.

O'HARA
Mein Name ist John O'Hara. Ich mache Western. Schluß des Dialogs. Handlung!

ANSAGER
Unser Provisorium schlägt an dieser Stelle die Ankunft einiger Internationaler vor. *Er gibt den Silhouetten, schon länger sichtbar im Bullauge der Küchentür, ein Zeichen, und drei [3]* BERGRADFAHRER, *angekündigt von Berst-, Bremsquietsch- und Heullauten, preschen nun durch die Schwingtür, bis über die Sturzhelme mit Schlamm bespritzt. Schußfahrt durch den Saal, zwischen den Tischen und Stühlen durch, haarscharf an den Sitzenden vorbei, bei durchdringendem Quietschen der Bremsen. Während sie so ihre Runden drehen, unterhalten sie sich zugleich so lauthals wie unverständlich von Rad zu Rad. Einer, der stürzt und vom* AN-SAGER *aufgehoben wird, nimmt seinen Helfer gar nicht wahr.*

ERSTER INTERNATIONALER
Wo sind wir hier?

ZWEITER
Weiß nicht.

DRITTER
Keine Ahnung.

ERSTER
Dabei bin ich damals überall im Land herumgekommen.

ZWEITER
Frauenstimme. Aber das war im Krieg.

DRITTER
Und im Krieg war das ein anderes Land.

ERSTER
vom Rad steigend. Gar kein Land für mich – bloßes Kriegsgebiet, Gelände, Frontlinie, Fluchttunnel, Massakerstelle, Fallschirmlandequadrat.

ZWEITE
vom Rad steigend, den Helm abnehmend, die blonde Frisur schüttelnd, usw.
Noch heute dachte ich bei jeder Wegkreuzung: Hinterhalt!, bei jeder Felsgrotte: Aha, Massenerschießung!, bei jedem Stück Stacheldraht *sich an das große Publikum wendend*: Sie wissen schon, was ich meine. *Das Rampenlicht ist inzwischen an, und sie springt auf das Spielpodest, die andern folgen ihr.*

Schon seinerzeit habe ich nie gewußt, wo ich jeweils hier war. Mein jeweiliger Dolmetsch hat mir die Flurnamen eingesetzt in den bei meinen Artikeln für sie freigelassenen Platz. Ich habe dies ganze Land von Anfang an gehaßt. In den Tälern sah ich keine Täler wie zuhause, sondern kalte Kessel. Und die Flüsse hier: in meinen Augen keiner unterwegs zu einem Meer, ein jeder floß, nein, staute sich bloß so im Kreis, kreiste in tausend kalten Kesseln in sich selber. Und ich habe auch das ganze Volk hier und alle die hiesigen Völker von Anfang an gehaßt, so, wie bis zum Ausbruch des Krieges, höchstens mich selber – nein, anders als mich selber, fragloser, freiheraus, meinen ewigen Selbsthaß endlich los! Und natürlich war mir auch die Landessprache hier von vorneherein verhaßt. Kein einziges Wort davon ist mir während all meiner Sonderkorrespondenten-Jahre über die Lippen gekommen, nicht einmal »Fick ihn!«. So gehaßt habe ich die hiesigen Völker, daß mein Dolmetsch aus dem Ausland kommen oder wenigstens vom Ausland geformt worden sein mußte, erzogen auf einem amerikanischen oder deutschen College. Und so waren die Gewährsmänner meiner Kriegsgeschichten in der Regel meine Übersetzer. Sagt man für »Übersetzer« nicht auch »Interpret«? Ja, sie waren es, die den Krieg erzählten und interpretierten – ich gab es nur weiter. Sie waren es, welche die Gewichte setzten; die unterschieden zwischen den tausend kleinen, unwichtigen Wahrheiten und der einen großen. Sie gaben gleich von Anfang an Grundton und Stoßrichtung – was dann mit der Zeit nicht mehr so nötig war – Grundton und Richtung verstanden sich bald ja von alleine –

ALLE DREI
Und woher dein (mein) Haß?

DRITTER INTERNATIONALER
Hört! Mein Haß auf Land und Völker hier kam folgend: Dachten wir, in unserer Hemisphäre, nicht längst alle, es werde nie wieder ein Krieg stattfinden, jedenfalls nicht in unserer Welt, nicht in unseren Kontinenten? Den Krieg, dachten wir das nicht? gab es nur noch als Wort, die Sache war für allezeit aus der Welt. Der Kriegsvirus ausgestorben, jedes noch zu gebärende Menschenkind gegen ihn immun. Die Botschaft »Krieg« aus sämtlichen Genen gebrannt. Der Krieg nicht einmal Traum-Stoff. Ausgestorben gleich den Dinosauriern, und, wie diese, ein Thema fast nur noch für Videospiele. Und dann war hier im Land, das wir damals noch zu unserer Welt zählten, von einem Tag zum anderen Krieg. Nicht »wieder Krieg«, sondern ein Krieg wie noch keiner, ganz neu Krieg. Kein »Krieg«, kein »polemos«, keine »guerra«, kein »war«, sondern – wie heißt das Wort in der hiesigen Sprache?

ERSTER
Rat.

DRITTER
Noch einmal!

ERSTER und **ZWEITE**
Rat – Rat – Rat.

DRITTER
Noch einmal!

ERSTER, ZWEITE und **CHOR AUS DER KÜCHE**
Rat – Rat – Rat – Rat – Rat – Rat ...

DRITTER INTERNATIONALER
Die Völker hier haben den Krieg auf dem Planeten Erde
neu erfunden. Sie haben von ihrer Landschaft die
Maske der Zivilisation, die Attrappen der grünenden
Wiesen und Viehweiden, der rauchenden Fabriken und
bewimpelten Stadien, der Segelboote auf den Stauseen
und der reigentanzenden Olympialifte – gefetzt? nein,
gewischt? einfach weggestupst. Und sie haben den
Krieg gegeneinander gewählt, ja gewählt, in freier, unserer westlichen Ehre machender Wahl! Die Völker hier
haben den Krieg gewählt, und nicht etwa nur die paar
einzelnen Mächtigen – die haben den Krieg dann nur,
getreu der Wahl ihres jeweiligen Volks, auf Vordermann
gebracht. Und deshalb hasse ich sämtliche hiesige Völker. Sie sind Opfer, aber keine unschuldigen. Sie haben
für den Tod ihrer eigenen Kinder gestimmt, für das
Verbrennen ihrer Väterhäuser, für das Verfaulen der
Felder ihrer gemeinsamen Ahnen, für das Veröden ihrer

Gärten, für das Alle-viere-in-die-Luft ihres Viehs. Als der Krieg noch in unseren Sphären das fast alljährliche Gang und Gäbe war, galt er als »das Gebiet des Zufalls«: Hier nun haben die Völker zu ihrem Regenten, und das war das Neue an diesem Krieg, den Zufall *gewählt:* ihr Krieg war der freigewählte Rückfall in den allerblindesten Zufall. Ich kannte das Land vorher nicht – nicht einmal vom Hörensagen –, und sah in ihm dann vom ersten Blick an nichts als Kriegsgebiet – ein ständig drohendes Umspringbild. Ein blühender Kirschbaum, ein von Trauben blauer Weinberg, eine schnellende Forelle waren mir all die Jahre lang nichts als ein Gebiet des bösen Zufalls. Und das Zufallsgebiet hat auch neubelebt den Krieg in mir. Ich übertrug ihn auf mein eigenes Land und die längst friedlichen Länder unserer Kontinente. Auch als deren Zukunft sah ich einzig Willkür und Krieg. Und deswegen hasse ich das Land hier. Eine atomare Bombe auf die ewige Kriegsgeburtsgrotte Balkan, daß davon nichts als ein Riesenkrater bleibt. Noch jetzt im Nachkrieg sehe ich hier nur das Gebiet des Zufalls. Und so will ich auch gar nicht wissen, wo ich hier bin. Ich habe dieses Land über. Wir alle haben von diesem –

ANSAGER
soufflierend.
– Jugoslawien –

DRITTER
– von diesem Jugoslawien, diesem Balkan bis oben
genug. Schluß damit. Ende!

ERSTER INTERNATIONALER
Ich bin ein Kenner der Region, beherrsche die verschiedenen Sprachen hier, die vor dem Krieg in fast nichts
voneinander verschiedene Dialekte waren. Ich habe
Freunde und Gesprächspartner in allen Lagern. Gestern
hatte ich ein Lunch mit dem Vorsitzenden der LTU und
trank vorgestern Kaffee mit einer JF –

ZWEITE
JF?

ERSTER
Junge Frau. – Mit einer JF der ONTS. Bei einem gemeinsamen Waldlauf letzte Woche in der Nähe des SXS-
Bunkers hatte ich Gelegenheit, dem zukünftigen Listen-
führer der UPRGA einige entscheidende Fragen zu stellen, worauf ich mit verbundenen Augen zum Versteck
des international gesuchten ehemaligen PDG des SXS
geführt und exklusiv Zeuge seiner haarsträubenden –
ich wünschte tatsächlich, einer von unseren RAFs sä-
belte ihm endlich seinen Haarteppich weg – AQY-Philo-
sophie wurde, die darauf hinausläuft: BTPI oder RSTPI,
oder am Ende gar HSTPI, oder vielleicht doch zu den
Mönchen von Chilandar? Aber ich habe immer wieder
auch wochenlang das Leben des namenlosen Volks hier
geteilt. Ich weiß Bescheid. Die Sache ist klar. Erstens:

Die Schuldigen stehen fest. Zweitens: Alle Beschuldigten – egal ob sie ein Bewußtsein ihrer Schuld haben oder überhaupt wissen, daß sie Beschuldigte sind – sind zu fangen – egal wie, ob bei einer scheinbaren Blutspendeaktion in einem vom Internationalen Roten Kreuz ausgeliehenen Transfusionswagen oder, wenn sie unverschämt genug sind, wie harmlose Niemande Schi zu fahren, Beeren zu sammeln, zu schwimmen, aus der Luft, von einem unserer NYT-Hubschrauber aus, mit einem Haken von der Piste, aus dem Wald oder aus dem See gefischt! Drittens: Kein Friede ohne Bestrafung der bekannten Schuldigen durch unser IFSUG –

ZWEITE
IFSUG?

ERSTER
Internationales Friedens- und Strafgericht. Und wer sich nicht einfangen läßt? Dem wird es so ergehen wie der Kreatur mit der schwarzen Narbe, die geschworen hatte: Mich kriegt ihr nicht lebend! und dann von der Spezialtruppe der URSSAF in Notwehr erschossen werden mußte – »Mich kriegt ihr nicht lebend? – Er hat Wort gehalten!«, so die Überschrift meines Artikels in der IT, INTERNATIONAL TIMES. Wer hat angefangen? Längst geklärt. Welche Seite hat concentration camps installiert? Antwort unnötig. »Schon all die Monate vorher war er herumgegangen, durchtränkt von seinen Schuldgefühlen« – so begann mein Artikel über den dann beim Angeln, nur mit Badehose Bekleideten, Er-

schossenen – »durchtränkt von Schuldgefühlen und Alkohol. Kurz vor seiner erfolgreichen – pardon: erfolgten – Erschießung hat mir dieser Möchtegern-Maler und frühere Physiker – Spezialgebiet: Teilchenbeschuß – mit den ITN-, ABC- und CNN-bekannten dicken Augenbrauen bei einem unser vertraulichen Treffen auf meine Frage, warum sein Volk, statt den Krieg zu wählen, sich nicht für einen gewaltlosen Kampf, nach dem Vorbild Gandhis, entschieden habe, einen Kampf, der ihm die bleibende Hochachtung der internationalen Gemeinschaft gesichert hätte, geantwortet: ›Nicht wir haben den Krieg gewählt. Er hat uns gewählt.‹ Ich habe ihm das nicht abgekauft, I didn't buy it: wie seit jeher hier: auch in Prada-Schuhen die archimittelalterliche hypernationale Paramystik! Sie erklärt an der hiesigen Geschichte alles.«

In der Küchenschwingtür ist eine groteske Gestalt erschienen, in einer Art Sträflings- oder Irrenhausgewand, zurückgehalten dort von mehreren Armen. Und von der Hoteleingangsseite stolpert jetzt eine andere, abgerissene, fast zugeschneite Figur herein.

HÄFTLING *oder* IRRER
von immer mehr Händen in der Schwingtür zurückgehalten. Verschwindet. Außer Landes! Ihr habt uns mitbombardiert. Ihr seid die Zünder der Bomben. Ihr wart das Gift in den Bomben.

DIE DREI INTERNATIONALEN
schauen in die Luft.

IRRER
Meine Frau hat euch während ihrer Schwangerschaft täglich im Fernsehen erlebt und danach ein Kind mit neun Zungen geboren, kein einziges Auge und kein einziges Ohr, anstelle der Beine internationale Sportradreifen, anstelle der Hände Krakensaugnäpfe, anstelle des Nabels, als Dichtung für das Loch, das ihr durch den Mutterbauch in den Embryobauch geredet hattet, ein Kaugummi, in seinen Windeln, von euren Humanorganisationen frei Haus geliefert, als Innenprägung eure Autogramme. Ihr seid die Ratten, die aufs Schiff gingen und es so erst endgültig zum Sinken brachten.

DIE DREI INTERNATIONALEN
haben sich unterdessen tuschelnd einen Witz erzählt, über den sie nun lachen?

IRRER
Dabei waren wir es, die euch jahrhundertelang die asiatischen Horden ferngehalten haben. Und ohne uns würdet ihr immer noch mit den Fingern fressen. Wer war es, der in die westliche Welt Messer und Gabel eingeführt hat?

CHOR
aus der Küche. Wir!

DIE DREI INTERNATIONALEN
lachen – nun doch über den IRREN? *Die* ZWEITE *springt
von dem Podest und schlendert auf den* IRREN *zu.*

IRRER
Und welche Frauen hat Goethe mit denen des Hohen
Lieds verglichen?

CHOR
aus der Küche.
Die unsern!

IRRER
Und welches Volk hat Victor Hugo ein Märtyrervolk
genannt?

CHOR
Unsers!

ZWEITE
Mit dieser Antwort habt ihr einen Farbfernseher ge-
wonnen.

IRRER
Und wo in Europa ist das einzige Land, in dem die Epen
Homers noch eine täglich musizierte Tradition sind?

AUS DER KÜCHE
*der Klang eines einsaitigen Instruments als Auftakt zu
solch einem Epos.*

Zweite
dicht vor dem Irren. Für diese Antwort der Haupt-
preis, eine Gemeinschaftsreise in die Höhle der tollwü-
tigen Zwerge.

Irrer
Die Leichen vom angeblichen Massaker kamen aus
dem Leichenschauhaus. Die Nationalbibliothek ist
von selber verbrannt. In der angeblich zerstörten Perle
der Adria qualmte nur ein Stapel von Autoreifen. Die
toten Kinder waren auch die unsrigen. Die weinenden
Mütter auf dem Friedhof: es waren unsere Mütter –

Chor
– und es war unser Friedhof.

Zweite Internationale
Auge in Auge mit dem Irren. Die Stimmen noch an-
nähernd von Menschen, die Augen aber die von Tieren!
Der eine Gefangene mußte seinen Freund entmannen,
mit den Zähnen! Der eine starb – der ihn biß, wurde
verrückt! Der den Befehl erteilt hatte *sie weist mit dem
Kinn auf den* Irren war verrückt schon von vornherein. *Zu den zwei Regisseuren als ihrem Publikum:*
Solche Stories waren mein täglich Brot.

Irrer
In der fraglichen Nacht schien gar kein Mond *auch er
wendet sich nun an die zwei Regisseure* – genau wie bei
dem Mord in »Young Mr. Lincoln«, Mr. O'Hara!

Schauen Sie doch nach im Bauernkalender von Zaragoza, Señor Machado!

ZWEITE INTERNATIONALE
Durch den Feldstecher sehe ich sein unrasiertes Gesicht und den Leberfleck auf seiner roten Nase. Eine Träne läuft der Mutter des Massakrierten über das Gesicht, aber die abgearbeiteten Hände wischen sie energisch weg. Über dem blauen Anzug steht dem Kriegstreiber der unheimliche Haarschopf hoch. Der Aufschlag des Balls hinterläßt in dem Schluchttal ein Echo: Glock-Glock-Glock – wie müssen da erst die Granaten geklungen haben! Ihre grauen Augen, die von Leid und Trauer künden, bohren sich in die seinen und werden hart, die Knöchel treten weiß hervor. Bei unserer Ankunft im Jeep steht der Himmel voll weißer Schafe. Unsere Dolmetscherin heißt »Bella Donna«, weil sie so hübsch ist. Er lacht: anders als unsereinem fehlt ihm der innere Polizist. Schuldbewußte Stille im Massakerort: die neuen Bewohner wenden sich von uns ab und huschen in Hauseingänge, von wo sie unseren Humanitärkonvoi feindselig mustern. Das rostbraune Haar der neuen Menschenrechtskommissarin sitzt akkurat. *Mit Seitenblick auf den* WALDLÄUFER: Seine nervös wippenden Schenkel verraten, daß er im Krieg war. Der Angeklagte vor ihm hat in dem vorbildlich geführten internationalen Gefängnis – arabische, norwegische, japanische Wärter, die alle seine Sprache sprachen! – Selbstmord verübt, um sich so seiner Hinrichtung zu entziehen, wie Hermann Göring! Die rote Kostümjacke

der frischgekürten Strafverfolgerin bringt ihren blassen kanadischen Teint zum Strahlen. Sie will die Stimme der Opfer sein. Mit einem kehligen Lachen verrät sie, wie wohl es tue, sich auf der Seite des Guten zu wissen. *Der* IRRE *zieht einen Revolver.* Sie kennt den ganzen Brecht und ist stolz auf ihre *mit Seitenblick auf* O'HARA *und* MACHADO irisch-spanische Großmutter. Als wolle sie die kostbaren Worte aus der Luft greifen, formt sie jeden Satz mit den Händen und blickt mit tiefliegenden Augen nach innen. In dem Raum mit dem niedrigen Plafond, von dem eine nackte Glühbirne baumelt, erhebt sie ihre warme Altstimme: »Gerade weil ich als Freundin komme, muß ich deutsch mit euch sprechen!« *Ans Publikum:* Gemeinschaftsarbeit des Interkontinentalen Kriegsjournalistenbüros »Text ohne Grenzen«!

IRRER

Ich bin ein Massenmörder. Vielleicht der größte in diesem, in unserem, Krieg. Und wenn nicht der größte, so der dafür typische. Ich wurde Massenmörder, weil mir das Helfen mißlang. Meinem ersten Opfer wollte ich zunächst nur helfen, nichts als helfen, helfen, helfen. Aber meine ausgestreckte Hand kam nicht an ihn heran, von der Stange, die ich ihm hinhielt, rutschte er immer wieder ab. Ich konnte und konnte ihm nicht helfen. Und darüber verzweifelte ich. Und in meiner Verzweiflung schlug ich dann auf ihn ein, mit der Wut der Verzweiflung. Kennt ihr das?: Etwas schreit um Hilfe aus einer Erdritze, aus einem Wildbach, und weil ihr trotz größter Mühe nicht an es herankommt, nicht und nicht, stoßt ihr es plötzlich noch tiefer in die Ritze, taucht es extra unters Wasser? So begann jedenfalls mein Morden hier, mein Amoklaufen. Kennt ihr das? Nein, ihr kennt das nicht. *Erschießt sich und wird auch schon küchenwärts gezogen; die Schwingtür schwingt hinter ihm zu.*

HEREINGESCHNEITER
zuvor schneebedeckt aus der Halle Dazugekommener, zu den DREI INTERNATIONALEN. Euch also gehört die Sprache zu diesem Krieg?

ZWEITE
Ja.

HEREINGESCHNEITER
Und wer über den Krieg öffentlich zu Wort kommt, und wie er zu Wort kommt, das bestimmt ihr?

ZWEITE
Ja. Nur wir.

ERSTER
Über diesen Krieg kann nur so gesprochen werden, wie wir darüber gesprochen haben und weiterhin sprechen werden. Eine andere Sprache zum Krieg als diese unsere ist eine Verhöhnung der Opfer.

DRITTER
Uns gehört nicht nur die Sprache zum Krieg, sondern auch sein Bild. Und uns gehört das Alleruniver-

salste: die Bilder-Geschichten! – Wer sind Sie überhaupt?

HEREINGESCHNEITER
Ein Kollege. Ein ehemaliger.

DIE DREI
Der bewußte? Der berüchtigte? Der Schandfleck unseres Berufs? Der Grieche von der »NEA NEMESIS«? Der
mit der Zipfelmützenschreibe? Der Verschnarchte?

HEREINGESCHNEITER
schüttelt den Kopf.

ZWEITE
Was also?

DRITTER
belehrt sie. In seinem Land ist das Kopfschütteln ein
Bejahen.

ZWEITE
Also tatsächlich dieser Grieche?

HEREINGESCHNEITER
schüttelt den Kopf. Nai.

DRITTER
Nein ist griechisch »ja«.

ZWEITE

springt zurück auf das Podest und schrillt den GRIE-
CHEN *von oben mit ihrer Querfeldeinradklingel an.* Aus
dem Weg, Kerl. *Alle drei* INTERNATIONALEN *klingeln.*

GRIECHE

fällt sozusagen vor ihnen auf die Knie. Bitte, nehmt
mich wieder auf in eure Mitte. Wie es jetzt ist, ist es
nicht schön.Wie wünsche ich, wieder Ellbogen an Ellbogen, Knie an deinem Knie, Schreibblock genauso
rosa wie deiner, in euren internationalen Pressekonfe-
renzen zu sitzen. Meine Kinder wollen mich endlich
wieder neben euch im Satellitenprogramm Fragen stellen sehen. Meine geliebte Frau beklagt sich, daß die
Marktfrauen von Archaia Nemea ihr seit meiner
Schande nur noch verfaultes Kraut verkaufen. Das ist
nicht schön. Seid mir wieder gut. Mein Schreiben soll
wieder nach eurem Sinn sein. Klare Klarheiten. Neue
Neuigkeiten. Orangene Orangen. Milchige Milch. Blu-
tiges Blut. Ach, ohne euch bin ich heimatlos. *Er hat
dabei angefangen, die* DREI *mit Sachen aus seinen
Manteltaschen zu bewerfen, Schneebällen, Äpfeln.*

ERSTER

im Ausweichen. Es stimmt also, daß er Alkoholiker
geworden ist.

ZWEITE

im Ausweichen. Und das Gerücht von seinem Verfol-
gungswahn war noch untertrieben.

72

DRITTER

im Ausweichen. Und seine Kriegslüsternheit äußert er nicht mehr nur verbal! Betrunken robbt er über die Leichenfelder und befriedigt sich an den Kadavern. *Die Wurfgeschosse sind dem* GRIECHEN *bald ausgegangen, und die* DREI *kommen vom Podest und schließen eine Art Radwagenburg um ihn.*

DIE DREI

Er ist nicht dicht. Er hat Schaum vorm Mund. Er ist nicht dicht.

ZWEITE

Du hast mit deinem Artikel gegen das filmische Meisterwerk zu diesem Krieg das Herz des Dichters in den Schmutz gezogen. *Wie auf ein Stichwort erscheint der* DICHTER, *samt Hund, Esel und Kindern – siehe oben – in der Schwingtür, sofort rezitierend*: »Die Nacht ist schwarz. Mein Herz ist schwarz. Alles ist Schwarz in Schwarz –« *zieht sich aber auf ein*: »Nicht jetzt!« O'HARAS *und* MACHADOS *wieder zurück.* Du hast den Traum des Dichters vor die Hunde gehen lassen. Und darüber hinaus hast du die Tränen der Mütter verhöhnt, dich am Glanz der Kinderaugen versündigt und das auf der Flucht erschossene taubstumme Kind noch einmal erschossen. Du hast dich an meinen hunderttausend Freunden hier versündigt – denn jedes Opfer war mein Freund –, dich versündigt an meinen zweihunderttausend lieben unbekannten Freunden. *Sie schlägt auf den* GRIECHEN *ein, hält inne.* Nur nicht werden wie deinesgleichen! Keine Gewalt. *Sie schlägt weiter, fast begeistert.*

ERSTER INTERNATIONALER
Halt ein! *Sie hält ein.* Das ist nicht er. Ich kenne mich nicht mehr aus. Ich habe mich nie ausgekannt.

DRITTER INTERNATIONALER
Doch, er ist es. S. D. F. an I. N. R. A., diese weiter an A. M. B. O. S. S. über Vermittlung der A. A. A. A. A. Ich kenne mich aus. Und ich kann euch auch sagen, was euch an ihm jetzt so stutzig macht. Es ist das Balkan-Phänomen – und als Grieche gehört er ja halb auf den Balkan. Bei diesem Phänomen handelt es sich um folgendes: du bist hier in einer Gesellschaft und glaubst, von jedem der Anwesenden zu wissen, wer er ist: der da ein F. D. H. C.; der dort beim B. G. H. C.; die dort eine klare V. K. Z., und so weiter. Aber immer, immer wird in dieser balkanischen Gesellschaft einer mit dabeisein, von dem du nicht weißt, wo ihn hintun. Er ist dir nicht fremd, er erscheint dir beinah als ein Vertrauter. Es ist offensichtlich, daß er nicht nur zu der Gruppe gehört, sondern darin auch irgendwelche Fäden zieht, bloß welche? In der Regel ist dieser Mensch erst später dazugekommen, ohne ein Aufhebens, von niemand begrüßt, geschweige denn vorgestellt, und ist jetzt ganz selbstverständlich im Geschehen. Und dann, so die balkanesische Faustregel, tritt in der Szenerie noch eine zweite solche unbekannte Person auf und ist ebenso mir nichts, dir nichts gleich mittendrin. Dir

74

aber geschieht es dann, daß sich dir nun die Funktionen oder Rollen der anderen Anwesenden verschieben und du ins Grübeln kommst, ob der P. S. von Š.Ž.Ă.Č. nicht eher ein bloßer S. O. X. ist und der angebliche Generalsekretär der G. O. R. A. dort in Wirklichkeit nicht eher ein bloßer von der Straße hereingeschneiter Arbeitsloser und die angebliche Frau des Lokalfernsehdirektors und ehemalige örtliche Schönheitskönigin nicht in Wirklichkeit die Kellnerin oder eine zurechtgeschminkte Obdachlose. Andererseits – nächste Faustregel –: je heruntergekommener diese Balkangestalten dir entgegentreten, desto gewisser kannst du sein, daß sie mit zum Spiel gehören und daß sie im entscheidenden Moment, wenn du, als Auswärtiger, die Gesellschaft schon fest in der Hand zu haben glaubst, zu Gegenspielern werden, deinen, unsrigen! Im Spiel Balkan gegen uns Auswärtige ist das der Heimvorteil, so ziemlich der einzige. Doch, er ist es! *Zum* GRIECHEN: Also zeig es uns. Hier ist deine letzte Gelegenheit zu einer kleinen Szene im Universal-Picture. Danach stehen dir höchstens noch die Spalten des Bienenzüchterblättchens von Delphi offen. *Sie klingeln ihn an.*

GRIECHE
Bienenzüchterblättchen? Vertrauenswürdiger und verläßlicher als sämtliche heutigen Weltblätter! – Meine Rolle ist unmöglich. Alle Rechte zur Geschichte vom Krieg sind bei euch. Nicht einmal eine andere Erzählweise als die eure darf es geben. Ich war ein Journalist,

sogar ein begeisterter. Aber meine Erzählweise wurde im Lauf der Zeit eine andere als die eurige, und so habe ich, durch diesen Krieg, aufgehört, Journalist zu sein. Mein Spiel ist von vornherein verloren. Niemand braucht es. *Er nickt. Schüttelt den Kopf. Nickt. Schüttelt den Kopf, usw. Lacht.* Ich stehe auf verlorenem Boden. Und das macht mich heiß.

DIE DREI INTERNATIONALEN
durcheinander. Los. Er darf nicht nur. Er muß. Die Welt soll den Unterschied erfahren zwischen einem big professional und einem regionalen Sektierer, zwischen Recherchieren und Psalmodieren. *Sie öffnen den Kreis um ihn.*

GRIECHE
Auf meiner Art Journalistenschule gab's keinen, der mich gute Anfangssätze lehrte, in dem Sinn deines *zur* ZWEITEN: »Es war in der bitteren Kälte einer Nacht des späten Dezember in der Stadt der Märtyrer. Ein Schneesturm fegte über die frisch ausgehobenen Gräber...«

ERSTER
Die Sprache ist doch Nebensache. Da in diesem Krieg die Politik versagt hat, ging es um Wichtigeres: die Wunde offenzulegen. Wir müssen das Weltgericht sein. Denn wir müssen vor der Geschichte bestehen können. So komm zur Hauptsache, Freund.

GRIECHE
Der Sprachsinn ist keine Nebensache. Er ist das Fein-
gefühl – das Feinstgefühl. – An einem Wintertag über-
querte ich die Grenzbrücke und kam auf Umwegen –

ZWEITE
Wieso auf Umwegen?

GRIECHE
Meine Art Informationen verschaffe ich mir auf Umwegen. – Und kam in ein Dorf, wo seit dem Krieg fast
nur die aus ihrer einstigen Hauptstadt Geflüchteten
lebten. Ich –

DRITTER
Ohne »Ich«!

GRIECHE
– kehrte am Ortseingang ein –

DRITTER
Eingang – ein!

GRIECHE
– in das Gasthaus an der Landstraße –

ZWEITE
In – an!

ERSTER
Laßt ihn erzählen. Let him tell his story. Laissez-le
raconter. Dejadlo racontar.

GRIECHE
Die Wirtsleute und die paar Gäste starrten mich lange
Zeit nur an. War es Feindseligkeit? Kein Feind konnte
so starren. Dieses Anstarren war das letzte, was ihnen
geblieben war. *Er hält inne vor dem* WALDLÄUFER *und
der* FELLFRAU. Als diese letzte Kraft sie verließ, wurden
das von einem Augenblick zum andern die verzwei-
feltsten und lustigsten Menschen auf Erden. *Bei* WALD-
LÄUFER *und* FELLFRAU *keine Reaktion.* Dabei brauchten sie mich gar nicht, und schon gar nicht als Parteigänger. Sie hatten gar keine Sache – nie gehabt. Aber
vielleicht brauchten sie doch jemanden? Einen Zeugen?
Nein, nicht einmal den brauchten sie. Waren sie trotzig?
Vor allem waren sie empört. Es waren das sämtlich
Empörte. Und noch nie hat die Welt so heiter Empörte
gesehen. Und sie waren auch gar nicht so unglücklich,
aus ihrer Geburts- oder Vaterstadt geflüchtet zu sein.
Draußen dann, im Weitergehen in dem großen balkani-
schen Dorf, erfuhr ich, daß dieses, durch den Zuzug der
Hauptstädter, etwas ziemlich Neues geworden war.
Zwar war das noch die vertraute Dorfart, mit dem
Stallviehgeruch, den Obstgärten und den Mais- und
Rübenfeldern dazwischen. Aber durch dieses alte
Dorf ging ein großstädtischer Wind, Zeitungskioske
neben Schweineställen, der Taxistand gleich beim
Landfriedhof, neben dem Getreidesilo die lokale Ra-

diostation, ein Kellertheater neben einem Kartoffelkeller, und parallel zu den Feldwegen ganze Barstraßen – die eine Bar öde und leer, die nächste bei lauter Musik steckvoll mit Stummen, die nächste, ohne Musik, halbvoll mit halblaut sich Unterhaltenden, und die nächste, wie überall auf der Welt, wieder öde und leer. Der Wind kam vor allem von den tausend abendlich Flanierenden auf der Dorfhauptstraße. Es gab keine Straßenbeleuchtung, und so spielte sich das Auf- und Abgehen der Bevölkerung in der Finsternis ab, was das Nebeneinanderherschlendern und leichte Palavern aber gar nicht behinderte. Solche Dunkelheit kam den Leuten sogar entgegen.

WALDLÄUFER
springt auf. Das ist der Walddickichtstanz: je tiefer du in ein Dickicht gerätst, desto mehr mußt du tanzen, damit du wieder herauskommst.

FELLFRAU
im Sitzen. Es ist die Fahrt im Einbaum.

GRIECHE
Der Korso der Kriegsflüchtlinge dort auf der stockdunklen Balkanstraße: Das war die Vorhut der noch und schon wieder unbekannten – der sich durch die Nacht und die Wüste der Zeiten einen Weg ergehenden, hoffnungslosen, aber um so heller weitertuenden ursprünglichen Menschheit.

DIE DREI INTERNATIONALEN
lachen, mehr und weniger.

ZWEITE
Jetzt ist klar, warum keine Zeitung mehr seine Artikel bringt.

DRITTER
Einer besseren Menschheit?

GRIECHE
Einer entdeckerischen Menschheit, unterwegs nicht in die Zwangsveranstaltung Geschichte, sondern in eine – *er hält inne:* Zwischenzeit!

ERSTER
So dein Eindruck? Deine Empfindung?

GRIECHE
So war es. So hat es sich gezeigt. So ist es.

ZWEITE
Leere Worte.

GRIECHE
Es gibt keine leeren Worte. Es gibt nur leere Sätze. *Er schüttelt die drei kurz durch.* NEOS KOSMOS, Neuer Kosmos, Neue Welt, so heißt bei uns in Hellas oft das Café, wo sich am Abend die Dörfler oder Städter versammeln, für nichts und wieder nichts – fast leere Tisch-

platten, im Winter alle Leute da in Mänteln, ein weiter voller Saal unter einer sehr hohen Decke mit weißen Neonröhren. – Auf dem Weg hierher kam ich gestern nacht durch die Kapitale des Kriegsschuldlands, den finsteren Hort auf dem Balkan, wie das in eurer Sprache heißt. Mitten in der Nacht ein Leuchten dort auf dem Platz vor dem Parlament: zehntausende von beleuchteten TAXI-Schildern, scheinbar alle die Taxen frei zum Einsteigen, in Wirklichkeit aber da zum Protest gegen den Mord an einem Kollegen. Sie protestierten vor ihrem Regierungsgebäude, in dem niemand war außer vielleicht die Nachtwächter, gegen den Tod eines der Ihren, stumm, nur mit dem myriadenhaft beleuchteten TAXI-Freizeichen. Und so wenden sich hier in dem Land seit dem Krieg mehr und mehr Gruppen des Volks, in jeder, jeder Sache unmittelbar an die Regierenden – die wiederum in mehr und mehr Sparten zunehmend machtlos und unzuständig oder überhaupt längst schon aus dem Spiel sind.

ZWEITE
Was soll die Geschichte?

GRIECHE
Weil auch dabei das hiesige Volk eine Art Vorhut ist – eine da freilich ganz andere. Denn so wie das Volk hier sich wendet an seine Scheinregierung im Bewußtsein, daß es ohnedies niemanden sonst – keine Instanz – hat, und dabei doch das Bedürfnis hat, sich irgendwohin zu wenden, so werden das in Zukunft mehr und mehr

Völker der Erde tun: hoffnungslos stumme Massenversammlungen auf den Zentralplätzen der Staaten, die auf keinerlei Parlamentserstürmungen mehr aus sind, sondern auf sang- und klanglose Lebensabdankung – so sah ich es gestern nacht.

ERSTER INTERNATIONALER
Hängst du so an dem Land hier nicht bloß deshalb, weil alle Welt es so haßt?

GRIECHE
Das Land liegt mir am Herzen.

ZWEITE
Törichte Treue.

GRIECHE
Treue – töricht?

DRITTER
Windelweich – watteweich – wurmweich. *Ans Publikum:* Josef Japser, Politischer Redakteur der Zeitung WACKER WESTWÄRTS. Für diese ›meisterhafte Alliteration‹, so der Vorsitzende der Jury, habe ich den Ludwig-Börne-Preis für Publizistik bekommen. *Zum* GRIECHEN: Argumente!

GRIECHE
Es gibt kein besseres Argument als das Mögen.

ZWEITE
Das darfst du nicht sagen. Nicht schon. Nicht jetzt. Zu
groß ist in diesem Volk die Schuld. Und die hat erst
einmal gesühnt zu werden!

GRIECHE
Seit über einem Jahrzehnt schon pißt ihr mit eurer
Fertigsatzpisse an die immergleichen Bäume. Alle die
herrlichen dinarischen Wälder stinken zum Mond von
eurer Pisse.

DRITTER
Erstens: Dreihundertzwölf meiner Kollegen sind in
Ausübung ihres Berufes im Krieg hier ums Leben gekommen oder verwundet oder ausgewiesen worden.
Zweitens: In Nordafrika sterben wöchentlich drei bis
sieben meiner Kollegen um der Wahrheit willen. Drittens: In der ganzen Welt sind im Augenblick etwa vier-
tausend meiner Kollegen wegen ihrer Überzeugung
hinter Gefängnismauern. Viertens: Einer meiner Kollegen hat aus der belagerten Stadt unter Einsatz seines
Lebens dreizehn Waisenkinder –

ANSAGER
Das war ein Film –

DRITTER
weint.

Laß ihn reden. War es nicht so gedacht? – Ich habe immer die Schandtaten sämtlicher Seiten geschildert. Hört meine Chronik in der »New York Review« von den Kriegsereignissen um das Dorf Kravica, wo einmal auch die Angehörigen des hiesigen Volks die Opfer wurden. *Er liest:* »Die andere Seite« – ihr wißt, welche ich meine – »im Nachbarort« – ihr wißt, welchen ich meine – »war im Lauf der Zeit die stärkere geworden. Ihr Kommandant, Bodybuilder und zwischendurch Rausschmeißer in einer Bar« – ich sehe ihn also durchaus kritisch – »hatte eine Truppe ausgebildet, so schlagkräftig, daß sie den Bauersleuten von Kravica die Gottesfurcht einjagte.« Ha! »Die größte Waffe aber, auf die der Kommandant sich stützte, das waren die Tausendschaften der am Anfang des Krieges Vertriebenen. Sie stürzten jeweils gleich nach der ersten militärischen Angriffswelle los auf die Dörfer des Feinds, wenn da die Verteidigung zusammenbrach, und, los! drauf! zum Töten!, mit Messern, Hacken, Äxten, die meisten aber mit ihren bloßen Händen – unmöglich für den Kommandanten, sie zu kontrollieren. Der Höhepunkt der Erfolge des Kommandanten kam mit dem Tag, da die von hier, zwei Wochen später als wir, ihr spezielles Weihnachten feierten. Tagelang schon hatten die Frauen des Dorfes Kravica gearbeitet, um schnucklige Schweine, Brot, eingelegte Tomaten und Paprika zuzubereiten. Und dann der Heilige Abend! Mit dem Einbruch der Dunkelheit formierten sich dreitausend Mann der regulären Armee des Kommandanten auf den Hügeln rund um Kravica, hinter ihm die verwegene Bande. Unbeschreibliches Geräusch, als sie dann im Morgengrauen Töpfe und Pfannen gegeneinanderschlugen. *Er spricht zunehmend auswendig:* »Heute bekommt ihr das Weihnachten, das ihr verdient! Gott ist groß!« so brüllten die Männer, schrillten die Frauen. Und los, und drauf! Die Truppen des Kommandanten – der im übrigen fließend englisch und deutsch spricht, das letztere mit leicht bayrischem Akzent – in leuchtend weißen Uniformen bei Sonnenaufgang! Verschmelzend mit dem Schnee! Von allen Seiten fuhren sie hernieder auf die verdatterten Dörfler und ihre Weihnachtsferkel! Und hinter ihnen das Tam-Tam der Ausgehungerten! Rache! Gott ist groß! Die Dorfverteidigung, von vornherein schon in der Minderheit, vastly outnumbered, bald outcounted! Nur noch Tote und Verwundete in dem Haufendorf Kravica, und die Angreifer: hineingefired in die bodies, die Messer hineingeplunged, die Schädel smashed; der Kommandant nicht mehr ganz Herr der Leute, auf die er sich stützte. Und diese endlich, staunend aus tausend offenen Mündern vor dem Christmahl, standing as if paralyzed at the sight of the Pasteten, the bottles of brandy und des gebratenen Ferkels auf allen feindlichen Hausherden: Gott ist groß! Sie lachten und schrieen und plunged in die Kuchen, schmissen sich über die Salate, smashed die Schnapsflaschen, während die Asche der brennenden Häuser wie ein neuer Schnee auf die Hügel rundum rieselte und die wildlaufenden Schweine an den Kadaverhaufen der Kravica-Dörfler schnupperten. Schon der Name des Dorfes spricht übrigens Bände: Schweine-, pardon, Kuhdorf. Und das war der Triumphtag des Kommandanten. Er verließ seinen Kommando-Ort unmittelbar vor dessen Einnahme durch den Feind, der dort dann das bekannte Massaker beging, und ist jetzt Barbesitzer in der Hauptstadt der Märtyrer. – Mark Winner, Pulitzer-Preis.

GRIECHE
Gibt es das: Üble Sprache für eine gute Sache? Ende der Ästhetik? Ende des Wahr- und Schönheitssinns. Ende des Formbewahrens.

DIE DREI
lachend. Des Formbewahrens?

GRIECHE
Des Formbewahrens. Des Formbewahrens. Gegen euch sonore Schwätzer steht die Welt von vornherein auf verlorenem Boden. So unbesorgt breit macht ihr euch nur, weil ihr keine Instanz über euch wißt. Ihr seid die letzte Instanz und zugleich die Übeltäter. Daß niemand auf euch bauen kann – meinetwegen, das ist ja auch euer Ideal, frei nach einem eurer Ahnherrn: aber daß von euch nichts zu erwarten ist, gar nichts, rein gar nichts: Shame on you! – Wie der Haß in uns steckt, zunehmender Haß. Gegen Bekannt und Unbekannt. Und da der Haß gegen Bekannt keinen Auslauf hat, muß er sich gegen Unbekannt richten. Und mehr und mehr ist heute unbekannt und unkenntlich gemacht

gerade durch die tagtäglichen Bekanntmachungen und Informationen. Und so knirscht es in uns von Haß gegen Unbekannt.

ERSTER INTERNATIONALER
wie verständnisvoll. Du wirst das nicht ändern. So ist es eben. So ist die Lage. So ist die Welt. So ist der Markt. Das ist der Preis.

ZWEITE und DRITTER
singen. Das ist der Preis. Wir sind der Markt. Wir sind die Welt. Wir sind die Macht. Wir schreiben die Geschichte.

ERSTER
Und die Geschichte braucht nun einmal Schuld, Schurken, Sühne, Gnadenlosigkeit.

GRIECHE
Wer sagt das?

ERSTER
Wir.

GRIECHE
Und wer ist so ein gnadenlos Schuldiger?

ZWEITE
weist zum WALDLÄUFER *und geht auf ihn zu, ohne ihn anzuschauen.* Der da. Ich war bei seinem Prozeß wegen

der vierzehn ermordeten Nachbarn auf der Brücke. Sein Danebenstehen wurde zu Recht verurteilt. Und jeder seinesgleichen gehört ohne Zweifel verurteilt von unserem Allvölkergericht als dem idealen Friedensinstrument. Ja, Instrument zum Frieden, ideales. *Zum* GRIECHEN: Hör, wie ich das erkannte – auf dem Umweg über etwas Schönes – etwas Ästhetisches! Unweit von dem Gerichtsgebäude ist nämlich das Museum des Malers, der ohne Zweifel die friedlichsten Bilder der Menschheit gemalt hat. Unsere internationalen Richter und Ankläger – ich saß oft mit ihnen beim Lunch, unanzweifelbare, führende Juristen, erfreulich viele Frauen unter den Strafverfolgern, mehr als zehntausend Beschäftigte – pflegen während ihrer Horrorprozesse zu den Gemälden zu pilgern, um nicht verrückt zu werden. Und auch ich nahm so in einer Prozeßpause ein Taxi und saß dann lange vor der berühmten Ansicht von Delft. Welch ein Frieden. Und dabei war doch zur Zeit des Malers ganz Europa überzogen mit Kriegen, eingeschlossen des Malers eigenes Land. Und dann sah ich: War nicht auf dieses Delft gerade ein Unwetter niedergegangen, dort noch die eine finstere Wolke? Was für ein spürbarer Druck der Gewalt da! Und dann erkannte ich: der Maler hatte, malend, mitten im Krieg den Frieden erfunden – sein Delft wandelte wie Jesus im Sturm auf dem Wasser (Matthäus 8, 23-27)! Und ich dachte: kein Wunder, daß unsere Richter und Ankläger Kraft suchen bei solchen Bildern! Auch sie erfinden, indem sie unbeirrbar anklagen und verurteilen, ohne Zweifel den Frieden. Und nach meiner

Rückfahrt zum Tribunal, der hier *zeigt auf den* WALD-
LÄUFER hinter dicken Glasscheiben weit weg auf der
Anklagebank, das Gesicht zugleich groß im Monitor,
erkannte ich dann klar das Gemeinsame zwischen dem
stillen, aquariumgleichen Tribunalraum und jener Camera obscura des Meisters von Delft, womit er das
Chaos gezähmt hatte: genau wie er mit seiner Bild-
schachtel arbeitete auch unsere internationale Rechts-
kammer da an einer Gegenwelt – ihr ruhiges internationales Recht-Schöpfen entsprach auf den Tupfer den
Bildschöpfungen Vermeers! Auch unser Tribunal er-
fand, wie einst unser Maler, mit Hilfe einer leeren
Schachtel – der Gerichtsraum – und einer Linse, Camera obscura!, den Frieden, schuf sublim, wie unser
Maler, Ordnung und brach so ohne Zweifel den Zyklus
von Rache und Widerrache! Ist das nicht schön? Ende
der Ästhetik? Anfang der Ästhetik! Neue Ästhetik! –
Lauren Wexler, THE NEW YORKER.

GRIECHE
Wenn du schon überall warst – warum dann nicht bei
jenem einzigen Prozeß eures Tribunals, wo die auftre-
tenden Zeugen überlebende Lagerinsassen waren, für
einmal aus dem Schlächtervolk?

ERSTER
Wir haben nie das ganze Volk beschuldigt.

GRIECHE

Das wiederholt ihr in einem fort. Aber ihr meint sie alle!
Jener Prozeß wurde gleich am ersten Morgen vertagt,
weil der Raum eures Tribunals gebraucht wurde für
einen prominenteren Prozeß. Und auch ich war an
jenem Morgen in eurer Camera obscura. Und war es
jemandem bewußt, daß es dort, bei den Dünen der
Nordsee, zum ersten Mal überhaupt war, daß Angehörigen des bewußten Volks der Sorben oder Kurben, oder
wie sie heißen, das Ohr der Welt offenstand für ihr
Erlittenes? Zum Beispiel nach dem letzten Weltkrieg:
Tribunale da und dort – keinmal aber ein Zeugnis aus
dem Volk, das in jenem Krieg mit am stärksten dezi-
miert worden war, und keinmal so auch ein Bewußt-
werden der Welt für eine der bittersten Schmerzge-
schichten Europas – nichts, nirgends. Und dort also
vor dem Dünentribunal endlich der erste aus dem
Volk, welcher euch, der Welt, eine Vorstellung hätte
geben können, einen Schimmer! Und hat der Welt in
dem Augenblick, als das erste Opfer durch die Zeugen-
tür hinkte und groß auf dem Monitor erschien, etwas
gedämmert? Es stimmt: was der Mann dann erzählte,
das hattet ihr alle schon mindestens siebenhundert-
malsiebenmal gehört, von den Opfern der Gegenlager,
deren Geschichten naturgemäß, naturgemäß?, zuerst
drangekommen waren. Wieder so eine Lagerge-
schichte: die Schläge, das Eingepferchtsein, das Trin-
kenmüssen der Folterknechtspisse, das mit Benzin über-
gossene Bein, die nachts aus der Baracke Geholten und
nie Zurückgebrachten. Aber an dem, was jenes erste zu

Wort kommende Opfer seines Volkes erzählte, war dann doch etwas Neues. Der Mann, schon ziemlich alt, war auf dem Weg zu dem fraglichen Lager Teil eines Gefangenentransports, der durch seine eigene, ihm von Kind auf vertraute Gegend ging. Und, nach ein paar Tagen so unterwegs, konnte er, obwohl er doch in dem Gebiet bewandert war wie kaum einer, nicht mehr sagen, wo er sich befand. Vom Gericht zu den einzelnen Stationen befragt, wußte der Zeuge weder die ihm doch urgeläufigen Namen noch überhaupt eine Gehrichtung. Mit dem Transport waren ihm von seiner angestammten Gegend sämtliche Namen und Richtungen entfallen. Alles, was er sagen konnte: »Da war ein Bach. Es kam eine Kurve. Da war ein Felsen. Ich glaube, es regnete. Es wurde wieder Abend. Ich wollte nicht mehr leben.« Am folgenden Morgen sah ich den alten Mann von fern in dem kleinen Dünenhotel, wo er für die Zeit des Prozesses wohnte, betreut und abgeschirmt vom Tribunalpersonal. Er saß an einem Tisch im Frühstücksraum, im selben Anzug wie vor Gericht, eigens für seine Aussage gekauft, noch im eigenen Land – nur da gibt es solche Kleider und Hüte. Und während der ganzen folgenden Stunde stand der Zeuge immer wieder auf und machte sich auf den Weg zum Dünenhotelbuffet, für sich und öfter noch für die Betreuertruppe. Und ein jedes Mal bewegte er sich dabei in die falsche Richtung. Obwohl er längst schon wissen mußte, wo das Buffet sich befand, schoß er daran vorbei und zum Saal hinaus, so daß ich dachte, jetzt wolle er zum Empfang, oder in die Toilette – und jedes Mal machte er auf dem Fuß kehrt und war, nach einem Zickzack dahin und dorthin, endlich, wo er hinwollte, bei den Tellern und Körben, gerade ein paar Schritte weg von seinem Tisch. Bei jedem Aufstehen war ich mir sicher, jetzt werde er seinen Weg wissen, und wieder ging er in die Irre und verirrte sich bei der nächsten Ecke weiter, und so weiter. Fast war das schön, fast!

ERSTER INTERNATIONALER
Warum gibst du dieses Land nicht endlich auf? Es ist ein verlorenes Land. Auch die Chance des Volkes, das Volk der Dulder zu werden, das Volk Hiob: vertan!

GRIECHE
Wenn heute noch Volk, dann ein tragisches. Und das hier ist ein tragisches Volk. Und mein Platz ist beim tragischen Volk.

ERSTER
Du bist außerdem gar nicht von hier.

GRIECHE
Doch, ich bin von hier. Denn ich liebe es hier.

ZWEITE
So haben die hier einander aus Liebe die Schädel zertrümmert?

GRIECHE

Ja, vielleicht. Ihr habt leicht reden: habt nie ein Land im Sinn gehabt. Kennt ihr dieses Land?

ZWEITE

Wir kennen die Situation.

DRITTER

Das ist kein Volk, sondern eine bloße Entität. Das ist kein Land, sondern eine Grauzone. Und Grauzonen können geopolitisch nicht mehr geduldet werden.

GRIECHE

Ich bewundere die Schnüffler von Sam Spade bis Philip Marlowe – sie bringen etwas an den Tag. Ihr aber seid Schnüffler, die nichts an den Tag bringen. Gesegnet seien die Trüffelschweine. Ihr aber seid Kadaverschweine. Gesegnet auch die! Ihr aber seid nichts als Kadaverschweine. Quallen, Medusen: inexistent und formlos, und so um so unheilvoller – inexistente, formlose Unheilanrichter.

DIE DREI

Jetzt dreht er durch. – Heiliger Zorn. – Du mußt auch in uns das Gute suchen.

GRIECHE

dreht durch? Im Namen des Guten tretet ihr auf, und keinen Hauch von Gutem habt ihr je hinterlassen hier im Land. Helfer? Noch nie habt ihr geholfen. Es gibt eine Gleichgültigkeit, die hilfreicher ist als euer Humangefuchtel, wobei die rechte Hand die einen tätschelt als Mutter Teresa und die linke gegen die andern das Schwert des Strafgerichts schwingt. Kleine Teufel des Gutseins. Humanitätsshyänen. Keine für das Leid unzugänglicheren und hoffärtigeren Menschen als ihr amtlich und öffentlich Humanitären. Marskörperschaften, die als Menschenrechtsschützer auftreten. Hilfssheriffs wollt ihr sein – und die Hilfssheriffs, nicht wahr, Mr. O'Hara, waren doch schon in den Western in der Regel die Unfähigen oder die verkappten Korrupten und Bösewichte.

O'HARA
Sind das nicht Vorurteile, mein Sohn?

MACHADO
Lassen Sie ihn seine Vorurteile aussprechen, John. Vorurteile geben gute Filmgeschichten.

GRIECHE
Die von hier sind durch den Krieg so böse geworden, wie sie nicht sind. Ihr Zugereisten seid mit dem Krieg so böse geworden, wie ihr seid. Taubblinde – aber leider nicht Stumme, ganz und gar nicht Stumme.

DRITTER
Sprache des Mittelalters.

GRIECHE
Die mit der Schlagstocksprache haben die Macht. In
früheren Despotien waren das die Politiker. Jetzt seid
das ihr. Und während die kleinen Völker hier sich um
Erdbrocken stritten, bemächtigtet ihr euch der Welt. In
Wort und Bild die Zwangsherrn der Aktualität zu sein,
das magnetisiert zum Machtgehabe. Internationale?
Außerirdische. Internationales Gericht? Universeller
Zitterrochen.

ERSTER
Wie stellst du dir unsere Umkehr vor? So wie wir angefangen haben, müssen wir weitertun. Wir sind nun
einmal die Gefangenen unserer Anfangsmeinung, müssen in deren Sinn sogar noch kräftiger weitertun, noch
schriller, und vor allem monoton – monoton – monoton. So ist es. So ist die Lage. Es stimmt: Wir haben, was
wir tun, über, so über. Und wir haben einander über, so
über. Aber was können wir tun? Sollen wir plötzlich
sagen: Auch die andern, auch die Auswärtigen, sind
schuldig? Anders schuldig? Unmöglich! Das ist nicht
Sache. Wir müssen weitertun, wie wir losgelegt haben,
aus vollem Hals und meinetwegen leerem Herzen. So ist
es. So muß es sein. Wir sind die Sprache.

ZWEI *und* DREI
wiederholen.

GRIECHE

Ihr seid nicht die Sprache, sondern das Mundwerk. Selbst euer Geschriebenes ist Mundwerk, und insofern seid ihr modern. Nur wenigstens einen anderen Ton von euch! Einmal einen anderen Ton!

ERSTER

Sollen wir denn schweigen? Einen Schweigetag einlegen?

GRIECHE

Ein Schweigejahr! Ein Schweigejahrzehnt.

ERSTER

Und wie wird die Welt dann informiert?

GRIECHE

Mit ganz anderen Informationen.

ZWEITE

Durch Buschtrommeln?

GRIECHE

Warum nicht? Es gibt ja auf der Welt nur noch eure Produkte. Alles andere wird gerade noch geduldet als Folklore. Dabei ist alles sonstige mehr von der Welt. *Er dreht weiter durch?* Common-sense-Puppen. Eure Trompetengrammatik, untermischt mit Bluthundgewinsel. Computergesichter mit den Mausklickaugen. Von der Seite »Schüler schreiben« gleich in die oberste

Etage der »Washington Post«: was für ein Sprung. Was könnt ihr hier sehen, ihr mit eurem Außenalster- und Manhattanblick? Die Dritten, das waren sonst oft die Helfer, die Linderer, die Vermittler. Ihre Dritte jetzt aber! In früheren Zeiten, bei jedem Skandal und jedem Unrecht, wart ihr Journalisten die Instanz, an die der einzelne in seiner Wut oder Not sich wenden konnte. In der Jetztzeit aber seid der Skandal der Skandale ihr geworden. An wen kann der einzelne Empörte – und es gibt, dank eurer Phalanx, mehr und mehr vereinzelte Empörte – sich da noch wenden? Bis zu euch gab es noch einen letzten Anklang des Göttlichen – in jenen, die gegen die Übermacht der Verhältnisse zum Gebet fanden. Mit euch aber ist es klar aus damit, denn gegen eure Art Macht, Ende unabsehbar, gibt es kein Beten mehr. Es soll nur noch solche wie euch geben auf Erden! Auf ewig sollt ihr unter euch bleiben!

DIE DREI
im Chor, dreimal. Jeder Widerspruch ist zwecklos.

GRIECHE
besinnt sich? Ja, ich habe eine Krankheit geerbt: von dem, was allzu offenkundig scheint und ständig wiederholt wird, von dem denke ich: Das kann nicht recht wahr sein.

MACHADO und O'HARA
mischen sich ein. Also ist etwas anderes wahr?

97

GRIECHE
Auch nicht. Aber dieses andere ist in meinen Augen
zumindest weniger unwahr als das anscheinend Offen-
kundige.

O'HARA und MACHADO
Und wer sagt dir das?

GRIECHE
Der Wind. *Er lacht. Auch die andern lachen.*

MACHADO und O'HARA
Der Wind des Orakels von Delphi?

GRIECHE
Eher der Wind von Thukydides her. Und ich habe noch
eine Krankheit: ich sehe die Historie als eine große
Fälscherin. Auf der einen Seite die Geschichtsfälschun-
gen – auf der andern die Geschichte, die von sich aus
fälscht. *Zu den* DREI: Nein, ihr seid keine Fälscher –
nicht ihr habt das Photo von dem angeblich mit Stacheldraht umzäunten Lager gefälscht – die Geschichte
war die Fälscherin: das Bild von dem Lager »sah«, mit
Geschichte-Augen betrachtet, »aus wie ein KZ« – also
»war« es auch ein KZ. Späte Rache derer, die für das Ur-
Bild verantwortlich sind! Oder: der Heerführer, der
beim Abfliegen seiner über tausend Kilometer langen
Front »mit Vorliebe Mozart hört wie . . .«: wieder: späte
Rache der Herren von Wie und von Wegen. Die Bilder
sprechen für sich? Sie scheinen nur zu sprechen. Die

Bilder gleichen sich? Vielleicht. Aber noch mehr und weit unheimlicher gleichen sich die Scheinbilder. *Zur* Zweiten Internationalen*: Ist Ihnen kalt? Sie zittern ja! Er hat ihr zugleich seinen Mantel umgelegt.* Wer ist das Kind da in Ihrem Medaillon? *Zum* Dritten*:* Wie war Ihre Jugend in Minnesota?

Unversehens neigen sich die Drei *langsam über ihre Räder, samt Sturzhelmen, wie in Trauer. Sturzhelme dann ab, Dressen aus – Verwandlung: sie entpuppen sich allesamt als Einheimische, in unscheinbarem, winterlichem Aufzug, die* Drei *ebenso wie der* Grieche*. Und schon haben sie, nachdem sie zunächst hierhin und dorthin geirrt sind, geführt von dem* Ansager*, Platz genommen, jeder einzeln an einem Tisch; nur der* Waldläufer *und die* Fellfrau *sitzen zusammen.*

O'Hara und Machado
sind aufgestanden und wenden sich an den Ansager*.*
Ende der Rollenparade?

Ansager
Gegen Ende des Films hatte ich noch zwei kurze Auftritte vorgesehen, den eines internationalen Wohltäters und des Präsidenten eines der neuen Staaten. Der Wohltäter kommt, in der allgemeinen Not und Ausweglosigkeit, als reitender Bote. *In der Milchglastür zeigt sich der Schemen eines Reiters.* Der Wohltäter soll die Wohltaten des freien Marktes zurück ins Land bringen.

MACHADO
Keinen Wohltäter! Noch nie habe ich einen Film mit
einem Wohltäter gedreht. Verbrecher, Huren, Schwei-
nepriester, ja – aber keine Wohltäter!

O'HARA
Keinen Mäzen – selbst wenn er auf dem Pferd daher-
kommt wie im Western.

ANSAGER
Der neue Präsident sollte im Film vom Krieg eine kleine
Ansprache halten, etwa so *die Silhouette des PRÄSI-
DENTEN dazu in der Glastür*: »Liebes Volk! Natürlich
war mir von Anfang an bewußt, daß, unsern kleinen
Staat zu gründen, Krieg hieß. Wer, wie ich, Geschichte
machen will, muß, in unseren Breiten jedenfalls, Krieg
machen. So war mir auch von Anfang an bewußt, daß
ich, für unseren Staat, einen Teil von euch würde opfern
müssen, auch Kinder. Aber es führte kein anderer Weg
zu unserem Staat. Und nun haben wir unseren Staat.
Und in diesem Staat leben neue Kinder. Und ich kann
euch sagen, daß wir die gegenwärtig besten Kinder der
Welt haben!«

MACHADO
Kein Präsident für unsern Film. Überhaupt kein Oberer!

O'HARA
zum ANSAGER: Laß die zwei sich zu den übrigen setzen,
ohne Maske und Kostüm.

WOHLTÄTER *und* PRÄSIDENT, *auch sie Einheimische, sich entkostümierend im Hereinkommen, setzen sich an zwei noch freie Tische.*

MACHADO
zum Ansager, auf den WALDLÄUFER *weisend.* Wenn schon ein letzter Monolog – dann von einem Verbrecher – von ihm! Und sollte er nicht, nach seiner Rückkehr aus dem ausländischen Zuchthaus, von seinen Leuten hier noch einmal gerichtet werden? Für mich ist das die Schlußsequenz!

O'HARA
Und als deren zentrale Szene sein Dialog mit der jungen Frau da, seiner Vorkriegsgeliebten, welche jetzt seine Anklägerin sein wird! Also klage ihn an!

MACHADO
Und ihr, Leute, richtet ihn.

TISCHGESELLSCHAFT
ein jeder einzeln an seinem Tisch, legt los. Teeren und federn. Vierteilen. Rösten. Aufs Rad flechten. In die ehemalige Mine mit ihm. Schandfleck unseres Fußball-vereins. Eine Blindschleiche soll dich beißen. Drei Feuer-salamander sollen deine Großmutter lecken. Der Satellit aus Colorado soll die Zwetschken deiner Eltern filmen.

Bemühter Tumult dazu an den Tischen samt Gefuchtel und Lufthieben. Jetzt aber unversehens Eintritt des

Friedens – in einem umgekehrten Sinn, wie manchmal in einer anscheinend friedlichen Gesellschaft jäh die Hölle los ist; seit einiger Zeit dazu schon Windstöße in der die Hinterwand darstellenden Plastikplane, nun vordringlich werdend. Musik, leise, durchdringend. Die TISCHGESELLSCHAFT *blickt zwischen der Plane und der* FELLFRAU *hin und her;* MACHADO *und* O'HARA *haben sich den Tischen genähert und tun desgleichen.*

FELLFRAU
betrachtet den WALDLÄUFER *stumm, lange.*

WALDLÄUFER
Nein, ich habe keine Streichhölzer! Und nie habe ich gesagt, daß du auf mich warten sollst! Und trag deinen Koffer selber! Den Kuchen, den du mir mitgebracht hast, wirf über den Zaun zu den Truthähnen! *Er ist aufgesprungen und stemmt den auf dem Boden liegenden, leicht angehöhlten Baumstamm in die Höhe, zickzackt mit ihm wie mit einem Rammbock durch den Saal, durchstößt mit ihm die Plastikwand hinten, in deren großer Öffnung ein Friedhof erscheint, gleich anschließend an das Hotel; wirft den Stamm von sich, nähert sich wieder der* FELLFRAU. Nie, nie und nimmer habe ich vor dir das Wort Liebe ausgesprochen! Dein Rückflugticket soll deine verdammte Mutter zahlen! Nein, ich habe deinen Schlüssel nicht eingesteckt! Deine Geschenke habe ich alle in eine Schachtel getan – hol sie dir! Ein Kind – aber nicht von dir! Deine ewig toupierten Haare! Dein ständiges Dazwischenreden!

Dein Apfellächeln einer Diva auf Gefängnisvisite! Und dein Blick auf mich, ewiggleich: nie weiß ich, ist es aus Liebe, oder weil ich todgeweiht bin? ist es ein Anfangs- oder ein Abschiedsblick? *Die* FELLFRAU *hat kein toupiertes Haar, hat auch keinmal gelächelt, usw.*

FELLFRAU
zwischen dem WALDLÄUFER, *der* TISCHGESELL-SCHAFT *und dem Friedhof hin und her blickend.* Ein schöner Abend.

WALDLÄUFER
Ja, ein schöner Abend.

FELLFRAU
Schnee auf den Drähten, und auf dem Weg unten ein Milchkarren.

WALDLÄUFER
Ja.

FELLFRAU
Und wie dort der Schnellzug vorbeiweht.

WALDLÄUFER
Und wie verlassen und müde ich bin.

TISCHGESELLSCHAFT
durcheinander. Und wie verlassen und müde ich bin.

FELLFRAU
Im Hotelschlüsselfach fehlen nur zwei Schlüssel.

WALDLÄUFER
Nur zwei!

FELLFRAU
Und niemand bestellt zu essen.

WALDLÄUFER
Ich habe keinen Hunger.

FELLFRAU
Ich auch nicht.

TISCHGESELLSCHAFT
durcheinander. Ich auch nicht.

FELLFRAU
Nackt ist die Erde, und die Seele heult zum fahlen Horizont wie eine ausgehungerte Wölfin. Was willst du, Volk, in der Dämmerung?

WALDLÄUFER
Ja, was willst du?

TISCHGESELLSCHAFT
gemeinsam. Was willst du, Volk, in der Dämmerung?

FELLFRAU
Blau wird der Schnee, und ein letztes Kind fährt noch
Schlitten.

WALDLÄUFER
Ja. – Ich grüße das Land, das mir die Haft ermöglicht
hat. Alle die Jahre war mir, als sei das Gefängnis allein
für mich da. Es grenzte an einen Friedhof, von dem ich
manchmal den Rauch vom Krematorium roch. Fünf
Jahre lang durfte ich dort brennen, in meiner Zelle,
lichterloh, Tag und Nacht. Der Bruder schoß auf den
Bruder. Und ich bin dabeigestanden. Und die Völker
hier sind mit nackten Füßen über Dornen gegangen.
Und gesiegt hat der mit dem Siegeswillen. Und ich habe
nie zu siegen gelernt. Ich habe mich seit jeher schuldig
gefühlt, schuldig von vornherein.

TISCHGESELLSCHAFT
Ich auch. – Ich auch. – Ich auch.

WALDLÄUFER
Mein Leben lang, auch wenn ich bloß so an einem
Polizeiwagen vorbeiging, dem Zugkontrolleur auf
dem Sportplatz begegnete, in Zivil, habe ich mich
schuldig gefühlt. Sooft ich bei einer Rauferei dabei-
stand, war ich mir sicher, träte nun eine Ordnungs-
macht auf den Plan, würfe die sich etwa nicht sofort
auf die Raufenden, sondern auf mich, den Dabeiste-
henden, als den Hauptschuldigen. Im ausländischen
Gefängnis habe ich viel gelesen und las bei einem

Dichter, die Idee der Schuld habe sich in die Menschen gestohlen wie eine Krankheit, als die andere Seite des Größenwahns; und sie schließe jede Möglichkeit aus zu einem dauerhaften Frieden. So war es auch mit mir bis zu meiner Verurteilung für mein Danebenstehen. Schon von klein auf, sooft sich jemand verabschiedete für sehr weit weg oder auf Nimmerwiedersehen, war mir, ich sei es, der da Abschied nahm. In gleicher Weise dann dort auf der Brücke: die jungen Nachbarn starben, und ich Zuschauer war es, der starb. Ich bin dort gestorben. Ich sterbe dort. *Seine Stimme ist immer leiser geworden:* Muß ich für immer der sein, der hilflos auf der Brücke steht? Warum kann ich nicht der sein, der dir gegenübersitzt? Und in gleicher Weise erschossen die Maskierten meine Nachbarn, und zugleich war ich es, der schoß. So war ich dann erleichtert, Angeklagter zu sein, sogar vor einem Auslandsgericht. Endlich wurden meine ewigen Schuldvorstellungen geteilt. Mich unschuldig schuldig wissend, sagte ich Ja! zu meiner Strafe. *Er findet allmählich wieder zu seiner Stimme, in einem neu anschwellenden Midnight Blues:* Bestraft von dem fremden Staat und von den Meinen geächtet, verlor ich mein Schuldgefühl. Danke, ausländisches Gericht: endlich habe ich mein wahres Gesicht. Danke, Mr. und Mrs. International: endlich verstehe ich mich und weiß ich, wer ich bin. Vorher hat höchstens meine Mutter mich verstanden.

FELLFRAU
Das heißt nichts: Mütter verstehen immer.

WALDLÄUFER
weiter im Blues. Es geht alles seinen Gang, dachte ich
dort im Gefängnis und freute mich. Mit der Liebe zum
Geschick begann mein Mannesleben. *Unversehens ans
Publikum:* Und ihr? Liebt ihr euer Geschick? – Verurteilt, wurde ich unbeirrbar. Zuchthäusler wegen Bei-
hilfe zum Mord, sah ich mich fünf Jahre lang als Pionier.
In ähnlicher Weise war es mir von klein auf gewesen,
wenn jemand ganz anderer Geburtstag hatte, ich selber
hätte Geburtstag. *Er wird wieder leiser.* Eine Zeitlang
hieß ich sogar den Krieg gut. Endlich war die Geheimschrift lesbar, und nicht bloß die hier vom Balkan. An
unserer Zerfallenheit könnt ihr die eure sehen. Herr-
liches Dröhnen der Bomber –

FELLFRAU
Die Bomber, das waren die Internationalen –

WALDLÄUFER
– verletzt, war ich tabu. Der Verletzte ist tabu! Ich
wünschte niemandem, an meiner Stelle zu sein, nicht
einmal meinem Richter. Und zugleich wollte ich niemand anderer sein, nicht mehr, nie mehr. Zurückge-
kehrt hier ins Land, frei, legte ich mich ganze Tage ins
Waldunterholz, und das war mein Tagewerk. Im Ausland hatte ich den Fremden oft nur gespielt. Hier aber,
zurück daheim, wurde ich wirklich fremd. *Die* FELL-

FRAU *zieht etwas wie einen kleinen Vorhang vor ihn und sich.*

DIESER und JENER
an den Tischen. Ich habe mein Land verloren. Ich habe meinen Vater verloren. Er war kein Vorreiter. Kein Wunderheiler. Und doch ist mit ihm ein großer Mensch gescheitert. Und wir haben unsere Mutter sterben lassen. Verdrossen sahen wir sie nach ihrem nachtlangen Irren draußen im Finstern zur Tür hereintreten. Wie schnell geht einem das Liebste verloren. Und zugleich bleiben in der ganzen Stadt die Lichter an. Schmerz, laß nach? Nein, Schmerz nimm zu.

WALDLÄUFER
während die FELLFRAU *den Vorhang wieder wegzieht.* Aber nach einem Fast-Untergang sieht man scharf, wie nach einem Stolpern, bei dem man nur fast fiel. *Seine Stimme kommt allmählich zurück:* Frieden, Frieden hier, heißt: das Herz blutet!

FELLFRAU
So soll es sein!

WALDLÄUFER
unvermittelt an die zwei REGISSEURE, *bzw. das Publikum.* In eurem amerikanischen, deutschen und spanischen Frieden aber blutet kein Herz, oder? Oder? Oder?

FELLFRAU
Zwei saßen in der völligen Finsternis und schrieben. Bei dem einen verkümmerte die Schrift und wurde unleserlich. Bei dem andern schwang die Schrift aus und wurde zum Instrument. *Einer von der* TISCHGESELLSCHAFT *schrammt mit einem großen Bogenstrich über das Einsaiteninstrument, ein anderer zersägt augenblicks den Tisch, an dem er sitzt, mit einer Motorsäge.*

WALDLÄUFER
weiter im Blues. Ich trauere – und atme sparsamer. Ich trauere – und esse langsamer. Ich trauere – und habe kaum mehr Durst. Ich trauere – und will arbeiten. Zeitlebens ist mir das nicht passiert: mich aufs Arbeiten zu freuen. Jetzt aber! –

TISCHGESELLSCHAFT
zurück in den Rollen der INTERNATIONALEN. Ohne unsere internationale Gesellschaft keine Arbeit hier! –

WALDLÄUFER
Ich trauere – und jede Zelle an mir wird taktil. Ich trauere – und alles an mir begehrt. Es ist nicht mehr das Begehren aus Krieg und Vorkrieg, jenes Begehren aus Seiten- und Hintergedanken. In der Trauer wird mein Begehren so klar, daß ich vergesse, daß ich begehre. Kein Getobe mehr für nichts und wieder nichts – nur noch das große reine Leben der Trauer. Und bei jedem Liebesakt wird da ein Kind gemacht, und der Weiße im Vatikan hätte so einmal seine Freude gehabt

an mir und dir, schöne Unbekannte, und »schöne Unbekannte« kann ich erst als Trauernder zu dir sagen! *Seine Stimme schwindet wieder:* Aber ich bin nicht mehr gesellschaftsfähig –

MACHADO
wie unwillkürlich einfallend. Nein, die Gesellschaft ist nicht mehr gesellschaftsfähig – O'HARA *bringt ihn mit einem Rippenstoß zum Schweigen.*

WALDLÄUFER
– bin eingetreten durchs Tor der Einsamkeit. Unheimliches Leuchten. Aber Leuchten! Aber unheimlich. Ich hatte den Wald. Überlebenssphäre.

TISCHGESELLSCHAFT
dieser und jener, für Momente in die Rolle der INTERNATIONALEN *zurückfallend.* Was willst du mit uns im Wald? – Rückfall. – Antizivilisatorischer Affekt. – Jäger-und-Sammler-Romantik. – Ein Experte her statt des Bluessängers da!

FELLFRAU
Experten gibt es inzwischen auch schon fürs Gehen in Alleen, Ärmelaufkrempeln, Zeitungsumblättern.

WALDLÄUFER
Und ich war in den Wäldern so allein, daß ich von den Fundsachen dort jedesmal sicher sein konnte, ich selber hatte sie verloren, am Vortag, vor einer Woche, vor

einem Jahr. *Und wieder kehrt ihm allmählich die Stimme zurück:* Ganz freihändig ging ich durch das Dickicht, ließ mir davon in das Gesicht schlagen, den Rücken kratzen, die Brust auspeitschen, um die Hüften packen, gegen das Schienbein treten, den Boden unter den Füßen wegziehen. *Eben das tut nun in rascher Folge die* FELLFRAU *mit ihm; hilft ihm dann auf. Die beiden stehen einander gegenüber, halten sich. Weiter die feine, durchdringende Musik.*

TISCHGESELLSCHAFT
Die erste derartige Berührung hier seit Ende des Krieges!

WALDLÄUFER
Du stehst mir auf den Zehen, schöne Unbekannte. Bleib so. Noch mehr von deinem Gewicht auf mir. *Und jetzt erst berühren die beiden einander wirklich: er zieht sie an sich – sie reißt ihn an sich – er reißt sie an sich – sie wirft sich auf ihn – und kurz fliegen buchstäblich die Fetzen und die Funken. Dann wieder der Abstand.*

FELLFRAU
Was war dir im Wald die liebste Frucht?

WALDLÄUFER
Die Himbeere! Lieb waren sie mir sämtlich, aber die Himbeere war für die stärksten Überraschungen gut. Ich erfuhr viel über mich selber an ihr. So erkannte ich, wie achtsamer ich nach dem Krieg geworden war: vor

dem Krieg hatte ich die Beeren kurzerhand vom Zweig gerissen, viele dabei zerquetscht oder durch die Finger fallen lassen – jetzt schaute ich jede einzeln rundherum an, bevor ich sie pflückte, sie vorher sachte betastend, an ihr riechend, sie oben an ihrem Fruchtzäpfchen drehend, zart, zart, damit ihr kein Tropfen Saft ausrönne und sie ganz unversehrt mir in den Handteller falle. Das Überraschende etwa war, daß so eine Beere bei der ersten Berührung sich noch unreif und hart anfühlte, auch noch halb grün war, und dann zwischen meinem langsam, langsam sie aus ihrer spitzen weißen Halterung schraubenden Zeigefinger und Daumen prall wurde, reifte, sich rötete und sich zuletzt ohne weiteres Zutun mir in die Hand gab – und von der Hand dann in den Mund! *Kein Blues mehr.* Und noch ein Rückfall: ich habe im Wald von den Maschinen zu den Werkzeugen zurückgefunden. Nichts gegen Maschinen! Wir sind ein Ingenieursvolk. Mein Vater war Maschinenbauer. Aber was für ein Unterschied! *Er ist mit der* FELLFRAU *dabei ins Tanzen geraten; die anderen tanzen, im Sitzen, mit.*

O'HARA
wie unwillkürlich einfallend. Kein Rückfall: im Wald ist Zukunft. Die Wälder und die Zukunft. Meine irischen Vorfahren – MACHADO *gibt ihm einen Rippenstoß.*

FELLFRAU
Mach uns die Geräusche des Waldes vor.

WALDLÄUFER

tut das in rascher Folge, nennt dazu jeweils die Urheber
– »Eichelhäher« – »Habicht« – »Wind in den Baum-
kronen« – »sich aneinander reibende Äste« – »zwei Igel
im Liebesreigen« – *Husten, Keuchen* – »Rehbock« *wie
zorniges rauhes Bellen* – »Wildtaubenschwarm auf der
Flucht« *großes Flügelrauschen und -knattern über die
ganze Szene* – »Todesschrei eines Wildschweins« – »eines Hasen« – »einer Wildkatze« – »Grillen im Sommer«. *Die* TISCHGESELLSCHAFT, *sogar die* ZWEI RE-
GISSEURE, *sind ihm beim Geräuschemachen allmählich
beigesprungen; bei den* »Grillen« *etwa ziehen sämtliche
Akteure alte Taschenuhren auf. Sie haben sich dabei
von ihren Plätzen erhoben und stellen sich nebenein-
ander auf wie für die Ankunft eines Landstraßen-Bus-
ses; ausgenommen die* ZWEI REGISSEURE. *Zuletzt
wirft der* WALDLÄUFER *noch eine Handvoll Steine in
den Friedhof.*

FELLFRAU
Und was stellt das nun dar?

WALDLÄUFER
Waldsteine, die auf Grabsteine fallen. Die Toten sollen
auch etwas hören.

*Windstöße, Sturmstöße – Geräusche gemacht von dem
Bühnenvolk. Bushupen, Fährschifftuten – Geräusche
sichtlich gemacht vom Bühnenvolk selber. Der halb-
hohle, schwärzliche Baumstamm kommt in Bewegung*

und schlittert nach vorn. Aus der Halle, vom Vorplatz
und aus der Küche kommt noch der und jener unbe-
stimmbare Einheimische dazu, jeder in der Hand etwas
wie Ersatzteile, die freilich offenbar nicht zusammen-
passen – sie führen das im Dastehen vor. Das alles
beiläufig, in klarem Durcheinander.

ANSAGER
zu FELLFRAU. Rede.

FELLFRAU
Zu wem rede ich?

ANSAGER
Erinnere dich an die stehende Wendung zu sämtlichen
Kriegen durch die Jahrhunderte hier: »Nur im Winter
redeten sie ernsthaft.«

FELLFRAU
Was für ein Krieg? Ich weiß nichts von einem Krieg.

ANSAGER
Laut meinem Skript gibt ihr das Nichtwissen eine gewisse Macht.

FELLFRAU
Es ist nicht das Nichtwissen, du Eckensteher. – Das
ist ein Einbaum. Und einmal sind wir in diesem Einbaum durch das Land gefahren. Der Einbaum kann
überall fahren, gleitet durchs Geröll, übers Gebirge,

schafft im Fahren selber die Tunnels, Paßhöhen, Furten.

EINER

als INTERNATIONALER. Wie die Autos von James Bond?

FELLFRAU

Maulhalten, Stinker. Der Einbaum war vor 007 und wird sein lang nach ihm. Er war vor den Römern, ging unter mit der Entfaltung ihres Großreichs und tauchte nach dessen Verschwinden neu auf. Die Römer gab es nur in der Zwischenzeit. Ihnen verdankt das Land all die Riesenstatuen der Sieges- und der Handelsgötter, welche den Einbaum verdrängt haben: aber dann ...: Emona und Sirmium gingen unter, und der Einbaum hob sich wieder aus dem Moor von Ljubljana, glitt in die Ljubljanica, kam auf große Fahrt in der Donau, steuerte bergauf in die Drina, setzte über in die Gebirge von Montenegro, schoß von dort hinab in den mazedonisch-albanischen Ohridsee, kehrte um und lag ohne Anker vor Anker jahrhundertelang im geographischen Zentrum des Balkan, in Sremska Mitrovica an der breiten stillen Save, der einstigen römischen Weltstadt Sirmium. Die Bergwiesen mit den Buchen und Birken; die grünen Gebirgsflüsse und die lautlosen Ströme mit den Einzelmenschen verstreut an den Ufern: das ist der Balkan! Wo zwei Schmetterlinge einander umtanzen und als drei erscheinen: das ist Balkan! Anderer Herren Länder haben als Heiligtum ein Schloß oder einen

Tempel. Unser Heiligtum hier ist der Einbaum. Am Fluß stehen: das ist Frieden. An den Flüssen stehen: das wird Frieden sein.

ZWISCHENRUFER
Oder an einem Fußballplatz stehen in einem fremden Land. »Ein toller Schuß!« rufst du aus. »Ja!« ruft jemand neben dir. Ihr schaut einander an: Es ist dein Feind aus dem Krieg. Und ab da fahrt ihr miteinander im Einbaum! »Flasche!« schreit der neben dir bei der nächsten Aktion. »Flasche!« schreist auch du. Einbaum!

FELLFRAU
Gut gesagt, du Kreuzung aus Esel und Feuersalamander.

FRAGER
im Tonfall der INTERNATIONALEN. Was meinst du mit dem Einbaum?

FELLFRAU
Ich meine ihn nicht. Ich sehe ihn, du Windei! *Sie gibt ihm eine Kopfnuß.*

ANDERER FRAGER
im Tonfall der INTERNATIONALEN. Und wo finde ich den Einbaum jemals wieder? Und wie?

FELLFRAU
An der Grenze zwischen Schlafen und Wachen. Im tiefsten Dunkel. Mitten im Winter. Im Überwintern.

FRAGER
Halbschlaftherapie? Halbschlafkurorte als die Zukunft des Landes?

FELLFRAU
Wo warst du je wacher und mehr bei Verstand als an den Grenzen, du Laubsägefrosch, du Schattenficker? Weißt du denn nicht mehr, was der Sultan damals in Konstantinopel zu dem Volk sagte, als es Geld von ihm wollte? »Geht an die Grenzen, dort werdet ihr bezahlt!«

FRAGER
Der schwarze Meteor von Mekka auf Abendlandfahrt?

FELLFRAU
Der schwarze Meteor des Maulhaltens, du Finsterdarm.

FRAGER
Und wo finde ich den Einbaum? Im Museum von Emona und Sirmium?

FELLFRAU
Zum Beispiel in einem der verlassenen Obstgärten, wie es so viele gibt im Land, neben einem Haufen halb vermoderter Holzprügel, du Furzwurz. *Sie packt ihn am Schädel und schlägt ihn auf den Tisch.*

MACHADO
sich einmischend. Auch im Ausland – ich kenne so einen Garten in der Sierra de Gredos!

O'HARA
spielt mit. Und ich, mehrere, am Mohawk River!

FRAGER
im Tonfall der INTERNATIONALEN. Und so willst du das Land neu begründen?

FELLFRAU
Ja, Euer Ehren.

FRAGER
Ist im Halbschlaf nicht jeder allein?

FELLFRAU
Nein, du Ignorant: an dieser Grenze existiert noch ein Wir wie sonst nirgends mehr.

FRAGER
Ein Manifest? Zerstörst du so nicht den Einbaum?

FELLFRAU

Der Einbaum ist unzerstörbar, du degenerierter Bauer: Ein Maler ließ die Farbe aus dem Bild rinnen. Ein Zuschauer sagte: »Aber so geht doch die Idee verloren!« Der Maler antwortete: »Nein, so geht die Idee nach Hause!«

FRAGER

Und was geschieht auf der Fahrt im Einbaum? Hochzeit? Grab? An den Schläfen Sausen?

FELLFRAU

Ja, du Arsch. *Sie zieht ihm den Stuhl unterm Hintern weg.*

FRAGER

Wer bist du?

FELLFRAU

Die Taube des Grenzbereichs. Merk dir, du westlicher Wackerstein: wir sind euch weit weniger ähnlich, als ihr es bestimmt. Und ihr seid uns weit ähnlicher, als ihr es euch träumen laßt. Aber ihr laßt es euch nicht träumen! Warum nicht? – Und jetzt eingestiegen!

Die Gesellschaft zählt einander und versucht einzusteigen. Aber in dem Baumstamm ist nicht einmal Platz für zwei. Gedränge. Kippen. Aufgabe. Die FELLFRAU *dirigiert die andern nun auf das Podest, läßt sie*

sich hinlegen und fügt sie zusammen, mit den Gesten
eines Werftingenieurs – alle haben sie ungefähr gleich-
getönte Einheimischen-Kleidung und sind nicht mehr
voneinander zu unterscheiden –, legt sich, selber auf
der Stelle ununterscheidbar, zu ihnen, und der Ein-
baum ist bereit zum Stapellauf, wobei zuletzt sich
am Bug noch eine Flagge oder ein Segel aufrichten –
eher eine Riesenfeder; und einen Moment später setzt
sich das Gefährt auch bereits in Bewegung. Einzig die
ZWEI REGISSEURE *und der* ANSAGER *bleiben an ihren*
Plätzen. Von oben senkt sich nun eine Riesenapparatur
herab, in allen möglichen Farben bemalt, mit den
Wimpeln und Sternen und Sternenbannern sämtlicher
möglicher Staatengemeinschaften bestückt, lustig an-
zuschauen, glitzernd, einen sonoren, immer stärker
raumfüllenden Ton von sich gebend.

DIE ZWEI REGISSEURE
Eine S. T. O.? Eine Stalinorgel?

ANSAGER
Eine N. W. O. Eine Neue-Welt-Orgel.

Im Sinken fächert die Maschine sich auseinander und
öffnet lange, knallbunte Stahlfinger. Diese Finger
schieben sich fast fürsorglich zwischen alle die verfug-
ten Leiber und schieben diese sanft auseinander, jeden
woandershin und zuletzt, jetzt aber unversehens bra-
chial, jeden an einer anderen Stelle zum Saal und zur
Szene hinaus. Entschwebendes Gerät dann, wieder

bühnenhimmelwärts. Dann Stille. Filmlicht aus. Nur noch das Licht an der Rampe – dort die drei Zurückgebliebenen.

DIE ZWEI REGISSEURE
stecken die Köpfe zusammen, und ein paar Momente ist von ihnen nichts zu hören als ein »Hm«, »Sí«, »No«, »Ojalá«.

MACHADO
Dein Haupteindruck, John?

O'HARA
Nur Haupteindrücke, Luis.

MACHADO
Was mir am stärksten nachgeht: daß die Leute hier mit dem, was sie geäußert haben, immer wieder etwas grundanderes sagen wollten. Ihre Gesten, ihre Augen und ihre Stimmen widersprachen ihrem Reden, fast Wort für Wort.

O'HARA
Mir scheint, jeder hier bräuchte zeitweise einen Übersetzer. Keinen Gott, aber einen Übersetzer – einen Simultanübersetzer. Es gab wohl einmal die guten Übersetzer. Aber die, sagt man, sind tot.

MACHADO
Alle?

O'HARA
Alle. Neue Übersetzer werden gebraucht. Ihr Übersetzen wäre die höchste Wissenschaft; die hilfreichste. Oft,
im gegenseitigen Irrwitz und Haß, lacht eine Seite darüber im tiefsten Innern. Doch das Lachen dringt nicht
ins Freie. Übersetzer her, für beide Seiten – vielleicht
lacht es ja genauso im Innern des andern. Übersetzer
her, simultan!

MACHADO
So ein Übersetzer wäre das Gegenteil der Inquisition –

O'HARA
– und der Kreuzverhöre. Und die erste Regel für solch
neues Übersetzen: Du sollst nichts wörtlich nehmen!
Und wieder stecken die ZWEI REGISSEURE *die Köpfe
zusammen; kein Laut diesmal. Sie treten auseinander.*

MACHADO
zum ANSAGER. Wir werden den Film zum Krieg nicht
machen.

O'HARA
Ich weiß so wenig von hier wie am Anfang. Aber nicht
deswegen sage ich den Film ab: so ein Nicht-Wissen ist
filmreif. Ich sage den Film ab, weil mir scheint, daß es
bei der Geschichte hier für einen Film noch zu früh ist.
In fünfzig Jahren: vielleicht; in hundert ... Und ich sage
den Film ab, weil mir vorkommt, für diese Geschichte

muß ein anderer Atem her als der eines Films. Es ist zu
viel Schmerz in der Geschichte – schneidendes Weh. Ich
scheue zurück vor Tragödien, auch vor dem Wort: aber
die Geschichte hier ist eine Tragödie. Und Film und
Tragödie gehen bei mir nicht zusammen.

MACHADO
Und ich werde den Film nicht drehen, weil ich seit jeher
ein Gesellschaftsfilmer war und mir hier aufgegangen
ist: es gibt keine Gesellschaft mehr. Die Gesellschaft
zerfällt mehr und mehr in Horden. Und diese gebärden
sich um so hordenhafter, je stärker die Lüge von der
Gesellschaft und Gemeinschaft weitergeistert und ein-
schreitet als Erpressung gegen all jene außerhalb der
Horden, die mehr und mehr Vereinzelten. Die Horden
bilden keine Cliquen mehr, sondern stehen zusammen
als eine einzige große Clique, und diese nennt sich »die
Welt« und ist die neue Welt-»Gesellschaft«, in Wahrheit
eine einzige Geld- und Moralhorde, hinter deren Süß-
holzgeraspel die gänzliche Verrohung. Und diese End-
zeit-Horde, unser Auftraggeber, braucht für die Geschichte hier den einen Schuldigen und hat für sich
selber die Rolle des Guten bestimmt. Hier, jetzt aber
ist die Zeit aller Schuldigen. Es ist das Land, oder
Europa, oder die Welt der Allerschuldigen – nur daß
die einen Schuldigen zu Gericht sitzen über die andern.
Unerhörte Zeit! Ende der Gesellschaft! Das siehst du
schon im Alltag, auf der Straße. Es gibt kein schönes
Ausweichen mehr. Die Leute haben den Richtungssinn
verloren. Sie rempeln einander ständig an, und nicht

einmal absichtlich: sie haben es verlernt, was es heißt, den eigenen Platz zu behaupten, und zugleich, dem anderen seinen Platz zu lassen.

O'Hara
Und das sagt ein Spanier?

Machado
Ja. Und so werde ich nicht nur diesen Film nicht drehen, sondern überhaupt keinen mehr. Gehen wir, John. Vamonos. Idemo. Die heutige Welt ist vollständig verrückt.

O'Hara
Aber verrückt nicht nach Antiken- oder Shakespeare-Art, sondern nach Art so vieler heutiger Verrückter: scheinvernünftig, gefühllos und böse. Ja, gehen wir: Drei große Entzauberungen bestimmen die Geschichte der Menschen auf der Erde, und gegen keine gibt es einen Gegenzauber. Die erste: meine Lebenszeit ist nichts im Vergleich mit der Ewigkeit oder Universalzeit. Die zweite: wir sind auf der Erde verloren im Raum. Und jetzt die dritte, die mit dem Ende des jüngstvergangenen Jahrhunderts durchgebrochene: wir Menschen sind, und das ist endgültig, untereinander an die Falschen geraten, jedes System ist entzaubert; der Mensch ist dem Menschen Wolf, das Volk ist dem Volke Wolf. Kein Himmel mehr wird je den Gerechten tauen. Die Drachensaat der Geschichte ist aufgegangen und besetzt, ineinander verbissen, lückenlos die Erde. Es ist

die Zeit nach den letzten Tagen der Menschheit, unabsehbare Zeit.

MACHADO
Und das sagt ein Amerikaner?

O'HARA
Ja. *Balkanisch-arabische Musik aus der Vorhalle.*

O'HARA
Mir scheint, dort ist ein Fest. Wenn schon kein Film, dann wenigstens ein Fest. Am liebsten war ich immer mit Leuten, die ein Fest feiern.

MACHADO
Auch ein trauriges?

O'HARA
Auch ein trauriges. O my darling Clementine.

MACHADO
mit Wendung zum ANSAGER. Und was wird mit ihm? Und aus all seinem Material für den Film ? Gesammelt für die Fische? Geschrieben in den Wind?

ANSAGER
Kein Problem. *Er verneigt sich.*

MACHADO
Wie kommen Sie von hier nach Hause?

ANSAGER
Kein Problem. *Er verneigt sich.*

MACHADO
Es tut mir weh, dich allein zu lassen.

ANSAGER
Nema problema. *Er verneigt sich.*

MACHADO
Hast du Hunger? Brauchst du Geld?

ANSAGER
Nema problema. *Er verneigt sich.*

O'HARA
Und deine Geschichte ist nicht bloß geträumt? Alles erlebt?

ANSAGER
Nema problema. Nema Jugoslavije. Kein Problem. Kein Jugoslawien. *Er verneigt sich, verharrt so.* »Un golpe de ataúd en tierra es algo perfectamente serio.«

MACHADO
Das ist aus einem Gedicht, des Vaters meines Vaters! Er starb auf der Flucht vor dem Krieg, damals bei uns in Spanien. »Der Aufschlag eines Sargs auf der Erde ist etwas vollkommen Ernstes.«

ANSAGER
Kein Problem.

Dunkel.

ENDE